Première édition : mai 1973
Seconde édition : avril 1974
« Giangiacomo Feltrinelli Editore, Milano, Italia »
Dalla parte delle bambine - Elena Gianini Belotti
© *Editions des Femmes.*
Tous droits de reproductions et de traductions réservés,
pour tous pays.

elena gianini belotti

du côté
des petites filles

éditions

des femmes

L'influence des conditionnements sociaux
sur la formation du rôle féminin
dans la petite enfance.

PREFACE

Dans son livre « L'assujettissement des femmes », écrit dès 1869, John Stuart-Mill fut le premier à interroger le concept de « nature féminine », qui avait permis jusque-là d'introduire tous ces soi-disant caractères particuliers à la femme, il a démontré au contraire comment ceux-ci étaient le produit logique d'un contexte historique, culturel et social précis. Dans sa défense lucide et passionnée de la femme, Mill fait intervenir la psychologie pour faire l'analyse des

« ... lois qui règlent l'influence des circonstances sur le caractère. Il faut posséder la plus profonde connaissance des lois de la formation du caractère pour avoir le droit d'affirmer qu'il y a une différence, et, à plus forte raison, de dire quelle est la différence qui distingue les deux sexes au point de vue moral et intellectuel. »[1]

Mill analyse les influences éducatives et, en outre, indique la voie la plus simple et la plus sûre pour atteindre à une connaissance de la femme qui ne soit pas, comme c'est souvent le cas, le reflet de la vision que l'homme a d'elle. Il s'adresse directement à l'intéressée. De plus, il fait une observation subtile des conditions nécessaires pour que la femme accepte de parler d'elle, de se décrire, de s'exposer, sans se sentir subordonnée mais égale. Il ne peut pas exister de dialogue authentique entre des personnes prises dans un rapport de dominant à dominé. Elles doivent au contraire se sentir égales. Ainsi, pour entendre ce que la femme a à dire d'elle-même, l'homme doit aussi la ressentir comme son égale. Mais si l'homme avait simplement envie d'écouter ce que les femmes ont à dire d'elles-mêmes, une grande partie des problèmes entre les sexes serait déjà résolue, ce qui est bien loin d'être vrai à l'heure actuelle.

Toute femme qui se propose de parler d'elle et de son rôle dans la culture, peut raconter son histoire de petite fille, d'adolescente, de jeune fille, et l'histoire de ce qu'elle pense avoir subi à cause de son sexe ; mais aussi loin qu'elle pousse son investigation, elle découvre qu'il y a toujours une zone obscure, celle de la prime enfance, dont elle ne sait rien dire et qui se trouve être la matrice de ses difficultés successives. A trois, quatre ans, c'est-à-dire aussi loin que peuvent remonter les souvenirs d'un individu, tout ce qui est lié, dans son destin, au sexe auquel il appartient, est déjà accompli, car il n'y a pas de lutte consciente contre l'oppression durant cette période.

Notre individualité a de profondes racines qui nous échappent car elles ne nous appartiennent pas : d'autres les ont cultivées pour nous, à notre insu. La petite fille qui, à quatre ans, s'extasie devant sa propre image dans le miroir, est déjà conditionnée à cette contemplation par les quatre années précédentes, en plus des neuf mois de grossesse pendant lesquels se mettaient en place tous les éléments susceptibles de faire d'elle une femme, la plus semblable possible à toutes les autres femmes.

8

La culture à laquelle nous appartenons, comme toute autre culture, utilise tous les moyens mis à sa disposition pour obtenir des individus des deux sexes le comportement le plus approprié aux valeurs qu'il lui importe de conserver et de transmettre. L'objectif de l'identification de l'enfant au sexe qui lui est assigné est très vite atteint, et aucun élément ne permet de déduire que ce phénomène complexe a des racines biologiques.

« ...malgré les facteurs hormonaux et génétiques, c'est l'éducation qui est l'élément déterminant de l'identification sexuelle et qui fait que l'on se considère comme garçon ou fille. Les résultats des recherches faites sur des enfants dont le développement sexuel est défectueux laissent à penser que l'identification à l'un ou l'autre sexe ainsi que le fait d'assumer un rôle sexuel déterminé, s'effectuent essentiellement à travers l'apprentissage.[2] »

Ce livre part de l'observation directe de l'enfant depuis la naissance. Il analyse ensuite le comportement des adultes à son égard, les rapports qu'ils établissent avec lui à tout âge, les types de demandes qui lui sont faites et la façon dont elles sont adressées, tout ce qu'on attend de lui selon qu'il appartient à un sexe ou à l'autre, les efforts qu'il doit faire pour s'adapter à ces demandes et à cette attente, les gratifications qu'il reçoit et les refus qu'on lui oppose selon qu'il s'y soumet ou non. Cette recherche a été faite dans la famille, dans les crèches et les écoles maternelles, primaires et secondaires.

Aucune preuve ne permet de soutenir l'hypothèse selon laquelle les comportements différenciés pour les deux sexes sont innés ; à cet égard, l'hypothèse contraire — qui considère que ces comportements sont le fruit de conditionnements sociaux et culturels auxquels les enfants sont soumis dès la naissance — reste tout aussi valable. Mais si la biologie et la psychologie ne sont pas en mesure de nous dire ce qui est inné et ce qui est appris, l'anthropologie nous a donné des réponses précises qui viennent à l'appui de cette dernière hypothèse. Personne n'a le pouvoir de modifier d'éventuelles causes biologiques innées (en admettant qu'elles existent), mais il est possible de modifier les causes sociales et culturelles qui seraient à l'origine des différences entre les sexes ; mais avant d'essayer de les changer, il est nécessaire de les connaître. Nous découvrirons leur genèse à travers ces petits gestes quotidiens qui, d'ordinaire, passent inaperçus, ces réactions automatiques dont les raisons et les buts nous échappent et que nous répétons, sans avoir conscience de leur signification, parce que nous les avons intériorisées dans le processus éducatif, à travers des préjugés qui ne s'expliquent ni par le raisonnement ni par les changements d'époques, mais que nous continuons pourtant à considérer comme des vérités intangibles, et à travers les mœurs qui ont un code et des règles extrêmement rigides. Il n'est pas simple de casser la chaîne des conditionnements qui se noue de façon presque immuable d'une génération à l'autre, mais il y a des moments historiques où de semblables ruptures peuvent se produire plus facilement qu'à d'autres. Aujourd'hui, par exemple, où toutes les valeurs de cette société sont en crise, le mythe de la supé-

riorité masculine « naturelle », contrepartie de l'infériorité féminine « naturelle », est ébranlé.

« la traditionnelle supériorité des adultes sur les enfants est en
train de disparaître rapidement, en même temps que s'effondrent
la supériorité masculine, la suprématie de la race blanche et le
pouvoir du capital sur le travail.[3] »

Dans cette analyse, la critique faite aux femmes ne
veut pas être un acte d'accusation, mais une incitation
à prendre conscience des conditionnements subis pour
ne pas les reproduire et en même temps se rendre
compte qu'ils peuvent être modifiés. Cette rupture à
produire, qui concerne tout le monde, surtout les
femmes à qui est confiée l'éducation des enfants, ne
consiste pas à former les petites filles à l'image de
modèles masculins, mais à faire en sorte que chaque
individu qui naît ait la possibilité de se développer de
la façon qui lui convient le mieux, indépendamment
du sexe auquel il appartient. Si l'on regarde du côté
des petites filles, il est clair qu'elles ne sont pas les
seules victimes d'un conditionnement négatif en fonction de leur sexe.

Selon Margaret Mead :

« toutes les discussions sur la condition des femmes, sur le caractère, le tempérament des femmes, sur la soumission et l'émancipation des femmes, font perdre de vue ce fait fondamental que la dis-
tinction des deux sexes est conçue selon une trame culturelle
servant de base aux rapports humains, et que le petit garçon qui
grandit est modelé tout aussi inexorablement que la petite fille
selon un moule particulier et bien défini.[4] »

*Qu'est-ce qu'un garçon peut tirer de positif de l'arro-
gante présomption d'appartenir à une caste supérieure,
du seul fait qu'il est né garçon? La mutilation qu'il
subit est tout aussi catastrophique que celle de la petite
fille persuadée de son infériorité du fait même d'appartenir au sexe féminin, et son développement à lui en
tant qu'individu en est déformé, sa personnalité appau-
vrie, ce qui rend difficiles les rapports entre les deux
sexes.*

*Personne ne peut dire combien d'énergie, combien
de qualités sont détruites dans le processus d'intégra-
tion forcée des enfants des deux sexes dans les schémas
masculin féminin tels qu'ils sont conçus dans notre
culture, personne ne saura jamais nous dire ce qu'il
adviendrait d'une petite fille si elle ne trouvait pas sur
le chemin de son développement tant d'obstacles insur-
montables placés là uniquement à cause de son sexe.*

*L'égalité des droits avec l'homme, l'égalité des
salaires, l'accès à toutes les carrières sont des objectifs
sacro-saints qui ont déjà été offerts aux femmes — au
moins sur le papier — au moment où l'homme l'a jugé
bon. Ils resteront cependant inaccessibles au plus
grand nombre d'entre elles jusqu'à ce que soient modi-
fiées les structures psychologiques qui les empêchent
de vouloir et de pouvoir s'approprier ces droits. Ce
sont ces structures psychologiques qui amènent la
femme à marquer de culpabilité toutes ses tentatives de
s'insérer dans le monde de la production, à se sentir
déchoir de son rôle de femme si elle y entre, et de son
rôle d'individu si au contraire elle choisit de se réaliser
comme femme.*

Le besoin de se réaliser comme individu, l'affirma-tion de soi, le désir d'autonomie et d'indépendance dont on reproche aux femmes de manquer ont déjà subi de rudes secousses au moment de choix fondamen-taux qui se produisent à l'adolescence.

Notes

[1] JOHN STUART MILL, *L'assujettissement des femmes*, Paris, Guillau-min, 1869, p.49.

[2] CARLFRED BRODERICK, *Individual sex and society*, Baltimore, John Hopkins University Press, 1969.

[3] RUDOLF DREIKURS, *Wie erziehen wir zie zeitgemäss ?*, Stuttgart, Klett, 1966.

[4] MARGARET MEAD, *Mœurs et sexualité en Océanie*, Paris, Plon, 1963, traduit de l'américain par Georges CHEVASSUS.

chapitre

I

L'ATTENTE DE L'ENFANT

« Quello che gli pende lo difende. »

Dicton populaire italien
(Celui qui lui pend le défend.)

C'est le père qui détermine le sexe de l'enfant. Les spermatozoïdes se divisent en deux catégories : ceux qui sont pourvus de chromosomes X, qui donneront naissance à une fille, et ceux pourvus d'un chromosome Y qui donneront naissance à un garçon. Mais c'est seulement le hasard (d'après ce que la science a réussi à prouver jusqu'à présent) qui est responsable de la fécondation de l'ovule par un chromosome X ou Y. Malgré la certitude scientifique de la responsabilité paternelle dans la détermination du sexe de l'enfant à naître, cette notion semble avoir beaucoup de peine à se frayer une voie, parce qu'elle doit combattre le préjugé opposé et profondément enraciné qui voit dans la femme la responsable, et ceci, en bien ou en mal. « Ma femme m'a donné un beau mâle », « ma femme n'est pas capable de faire un mâle », « ma femme ne sait faire que des filles ».

Innombrables sont les femmes qui, à la naissance d'une fille, ont supporté et supportent encore le silence ou la commisération manifeste des proches, des parents et amis, le ressentiment et l'hostilité du mari ou des beaux-parents, l'humiliation de s'entendre renvoyer l'impuissance à engendrer des enfants mâles. Innombrables aussi sont celles qui ont vécu avec souffrance, culpabilité, mépris envers elles-mêmes, envie pour les autres plus « chanceuses » ou plus « courageuses » l'absurde drame de ne réussir à mettre au monde que des filles ; d'autres, pour le même motif, ont même été répudiées par leur mari.

Dans les couches les moins évoluées de la population, qui correspondent à celles dans lesquelles les stéréotypes masculins et féminins sont les plus accentués, et où les variations sont le moins tolérées, ce préjugé a également un poids énorme. Combien de femmes du peuple se sont-elles soumises à de pénibles pélerinages dans des sanctuaires « spécialisés », poussées par des belles-mères implacables ou par des maris furieux, pour obtenir le fils tant désiré ? Mais même dans les classes plus évoluées, où l'on s'attendrait à ce que les découvertes scientifiques soient connues, nombreux sont ceux qui croient encore que ce sont les femmes qui déterminent le sexe de l'enfant à naître, ou même que la femme est responsable de la naissance des filles, et l'homme de la naissance des fils, comme si une bataille se déroulait entre l'ovule et le spermatozoïde, bataille dans laquelle le vainqueur aurait le pouvoir de donner la vie à un individu du même sexe que lui. « Il est né cinq filles dans ma famille », dit une jeune femme enceinte, diplômée de philosophie. « Espérons que *moi*, je ne ferai pas comme ma mère. Mon mari est quelque peu préoccupé par ce précédent dans *ma* famille, parce que lui voudrait un fils ». « Moi, j'ai mis au monde quatre fils, très beaux et très sains », confie une belle-mère de « bonne famille bourgeoise », « espérons que ma belle-fille *sera aussi courageuse*, mon fils tiendrait beaucoup à ce que son aîné soit un garçon ».

Dans une culture patriarcale, qui pose comme valeurs essentielles, d'une part la suprématie de l'individu de sexe masculin, et d'autre part l'infériorité de l'individu de sexe féminin, il est compréhensible que la mise en question du prestige de l'homme soit rigoureusement interdite, cela pourrait entraîner un effritement fatal de son pouvoir. En fait, les diverses croyances relatives à la maternité, des plus anciennes aux plus contemporaines, ont toujours eu la particularité d'attribuer à l'homme les mérites, le rôle prédominant dans les phénomènes de reproduction, et à la femme les erreurs et le rôle secondaire.

Aristote affirmait que l'embryon humain se développait depuis la coagulation du flux menstruel, c'est-à-dire que la femme fournissait la matière informe tandis que l'homme avait le devoir combien plus noble de lui donner une forme. Son point de vue était déjà celui d'un esprit éclairé, parce que ses contemporains, pour la plupart, soutenaient que la femme ne contribuait en rien à la conception de l'enfant, hormis pour nourrir la semence fournie par l'homme. Eschyle dans *Les Euménides* écrivait que « *la mère de celui qui est appelé son enfant n'est pas la génitrice, mais seulement la nourrice de la jeune vie qui est déposée en elle* ».

Au tout début de l'embryologie, les opinions étaient divisées entre ceux qui soutenaient la prédominance du rôle paternel et ceux qui, au contraire, étaient convaincus de la prédominance du rôle maternel. Peu à peu, on parvint à établir que homme et femme participaient également au processus de reproduction, avec les vingt-trois chromosomes contenus dans l'ovule et les vingt-trois contenus dans le spermatozoïde. Mais ce fut seulement en 1956 qu'on découvrit l'existence de spermatozoïdes porteurs de chromosomes X et de spermatozoïdes porteurs de chromosomes Y.

A ce niveau de connaissances, comment peut-il encore se faire que des femmes évoluées demandent pardon à leur mari d'avoir enfanté une fille ? Les préjugés sont profondément enracinés dans les coutumes : ils défient le temps, les changements, les démentis, parce qu'ils présentent une utilité sociale. L'insécurité humaine a besoin de certitudes, et les préjugés en fournissent. Leur force stupéfiante réside justement dans le fait qu'ils ne sont pas transmis à des adultes qui, tout conditionnés qu'ils soient, pourraient avoir conservé assez de leur sens critique bien appauvri pour les analyser et les refuser, mais qu'ils sont présentés comme vérités indiscutables depuis l'enfance et ne sont jamais plus remis en question par la suite.

L'individu les intériorise malgré lui, et celui qui les formule et les ravive en est autant victime que celui qui en souffre et en est marqué. Pour les réfuter et les détruire, il faut non seulement une prise de conscience très aiguë, mais aussi le courage de la rébellion qui n'est pas le fait de tous. La rébellion suscite l'hostilité et la réprobation envers celui qui tente de subvertir les lois de la coutume, plus profondes et plus tenaces que les lois écrites. Elle peut même susciter le rejet, l'exclusion sociale. Où les femmes pourraient-elles trouver le courage de s'opposer aux préjugés qui pèsent sur elles alors que l'éducation qui leur est réservée les programme pour en manquer ? Leur sentiment d'infériorité, d'insécurité, leur conviction de devoir, à juste titre, payer le prix le plus élevé pour obtenir en échange la considération et la sécurité, en font des conservatrices qui craignent les changements, même si ceux-ci tournent, à long terme, à leur avantage.

Examinons par exemple le préjugé selon lequel tout est parfait dans le corps de l'homme sur le plan de la procréation. C'est particulièrement clair en cas de stérilité dans un couple, où tous les examens médicaux sont effectués sur la femme ; c'est seulement quand ceux-ci ont donné des résultats négatifs — et encore, pas toujours — que l'homme, rétif et humilié, accepte de s'y soumettre à son tour. Cette façon de procéder est d'autant plus stupéfiante que l'appareil génital de l'homme, beaucoup plus accessible que celui de la femme, permet un examen ou une vérification de l'éventuelle stérilité du sperme infiniment plus simple, moins douloureuse et moins coûteuse qu'un contrôle des trompes utérines, par exemple.

Quand la femme donne le jour à un enfant anormal, elle se sent toujours coupable, et recherche dans le passé de sa propre famille des antécédents, confirmant ses responsabilités. L'homme, au contraire, les refuse, les renvoie à sa compagne, il ne doute jamais, a priori, de sa propre perfection. L'homme, en un mot, a besoin d'avoir une preuve irréfutable de sa déficience, tout en se gardant bien de la chercher, alors que la femme croit toujours être coupable, jusqu'à ce que le contraire lui soit démontré.

Les femmes ne connaissent plus de bornes quand il s'agit de se plier passivement aux préjugés qui les concernent. Les plus nombreux et les plus enracinés sont ceux qui se rapportent, justement aux relations avec l'autre sexe, la famille et les enfants. Bien que la réalité prouve le contraire, elles sont toutes intimement persuadées que les enfants garantissent la stabilité du mariage, maintiennent l'union du couple, l'aident à surmonter les moments difficiles, les préviennent même ; et quand le mariage est vraiment en crise, elles ont recours à la procréation — comme moyen ultime, mais, selon elles, infaillible —, convaincues qu'un enfant peut insuffler une vie nouvelle au rapport conjugal. La plupart d'entre elles pensent qu'un mariage sans enfant est voué à l'échec, que la maternité est l'unique, la vraie réalisation possible pour la femme, et pendant que le monde regorge de mères malheureuses et frustrées, elles s'obstinent à se sentir incapables, amoindries dans leur féminité si elles ne réussissent pas à devenir mères — et mères d'un enfant mâle.

Un garçon ou une fille ?

La période de l'attente est dominée par cette question à laquelle on n'est pas encore en mesure de donner une réponse, tout au moins pour notre part. Aux Etats-Unis, au contraire, après le cinquième mois, il est possible de se soumettre à un test pour savoir s'il naîtra un garçon ou une fille[1]. Il existe beaucoup de recettes populaires qui permettent de deviner le sexe de l'enfant à naître ; lorsqu'on les examine dans leurs détails, elles trahissent toutes le désir et l'espoir que ce soit un garçon. Quelques-unes préviennent même la question et suggèrent les moyens les plus appropriés pour concevoir un enfant mâle : par exemple, s'accoupler en période de lune croissante ou par une nuit de pleine lune, (il est dans tous les cas exclu de s'accoupler pendant la nouvelle lune car cela pourrait donner naissance à des êtres difformes), reposer sur le côté droit pendant le rapport sexuel, et ainsi de suite. Par ailleurs, d'autres recettes sont invoquées lorsque la conception a déjà eu lieu afin de satisfaire la curiosité légitime des futurs parents. Dans certaines régions, on prend une poignée de blé dont on compte les grains : si c'est un nombre impair, ce sera un garçon, si c'est un nombre pair, ce sera une fille. Si une petite pièce de monnaie, glissée sous les vêtements de la mère, tombe sur le côté face, il naîtra un garçon, sinon une fille. Une des épreuves les plus utilisées est celle du bréchet de poulet un homme et une femme saisissent chacun une partie de l'os et tirent ensemble, chacun de son côté, pour le casser, si la partie la plus longue reste dans la main de l'homme, ce sera un garçon. Quand on demande à une femme enceinte, à brûle-pourpoint, « qu'as-tu dans la main ? » si elle regarde en premier sa main droite, elle aura un garçon, si elle regarde la gauche, une fille. Lorsque la femme porte très en avant, c'est le signe qu'il naîtra un garçon (allusion limpide au pénis), tandis que lorsqu'elle porte rond autour de la taille, cela indique la naissance d'une fille. Si le ventre de la mère est plus gros à droite, ce sera un garçon, de même si le sein droit est plus gros ou le pied droit plus agité que le gauche. Si la femme enceinte est de bonne humeur, ce sera un garçon, si elle est de mauvaise humeur, pleure facilement, ce sera une fille. Si son teint est rosé, elle enfantera un garçon, si son teint est pâle, une fille. Si elle embellit, ce sera un garçon, si elle enlaidit, ce sera une fille. Il en va de même pour une grossesse difficile : jambes enflées, sentiment de lourdeur à l'aine, taches sur la peau, font présager une progéniture femelle. Un battement de cœur rapide du fœtus correspond à un garçon, lent à une fille. Si le fœtus remue le 40ème jour, ce sera un garçon et l'accouchement sera facile, s'il remue seulement au 90ème jour, ce sera une fille. Cette croyance est en relation avec une autre semblable : avant d'en venir à la conclusion que l'âme fait partie du fœtus au moment même de la conception, les théologiens avaient établi que dans le cas d'un garçon, cela advenait précisément 89 jours après la conception, et dans le cas d'une fille, au moins 39 jours plus tard.

Cette affirmation est bien sûr postérieure à la question de savoir si la femme a ou non une âme, doute qui a si longtemps persisté... L'examen des indices énumérés ci-dessus révèle une caractéristique commune : ceux qui annoncent la naissance d'un garçon sont positifs. De fait, le nombre impair implique un en-plus, une unité, par rapport au nombre pair. Dans l'épreuve de l'os de poulet, la partie la plus longue a une signification générique selon laquelle le garçon a quelque chose en plus, mais c'est aussi une allusion transparente à ce « quelque chose en plus » anatomique que possède le garçon. La bonne humeur, le teint frais, la mobilité précoce du fœtus, la lune croissante, la pièce de monnaie qui tombe côté face, le ventre en avant, etc... nombreux sont les indices présageant la naissance d'un garçon, qui concernent le côté droit du corps, considéré comme le plus important, le plus noble, le plus fort, et en somme le plus actif. Avec la main droite on salue, on fait des pactes, on ordonne, on refuse, on écrit, on bénit, on travaille, on mange, on tient une arme ; l'invité d'honneur est assis à la droite du maître de maison, l'éducation oblige à céder le haut du pavé — à droite — à qui on doit le respect. Au contraire, se lever du pied gauche est connu comme un mauvais présage. Sinistre signifie à la fois la gauche et le malheur(*). Le fait d'être gaucher passe pour une anomalie et toutes les tentatives sont faites aujourd'hui pour y remédier.

Quelques-unes de ces croyances, parce que liées aux usages d'une civilisation paysanne, ont tout à fait disparu, mais beaucoup sont encore très vivaces, et pas seu-

* l'adjectif italien « sinistro » signifie à la fois « gauche » et « malheur ».

lement dans les basses classes.

Une jeune accouchée me racontait qu'à son bureau (siège social d'une grosse entreprise), ses collègues — tous diplômés, hommes et femmes — lui avaient fourni non seulement une série détaillée d'indications pour éviter que l'enfant ne naisse avec quelque « envie », mais lui avaient également donné un étrange conseil pour faire des prévisions sur le sexe de l'enfant à naître : examiner si sa fesse droite était plus grosse que la gauche, auquel cas il naîtrait sûrement un garçon.

Tous ces indices sont déjà très représentatifs des stéréotypes sexuels masculins et féminins tels qu'ils sont symbolisés dans notre culture, et révèlent à quel point ces modèles sont profondément enracinés en nous, puisque nous allons jusqu'à attribuer aux enfants certaines caractéristiques considérées comme typiques des deux sexes, *avant même qu'ils ne viennent au monde.*

Puisqu'on *veut* que les garçons soient plus vifs, plus énergiques que les filles qui *doivent* être au contraire tranquilles et passives, les mouvements du fœtus s'interprètent selon cette clé. Il est vrai qu'il existe des corrélations et une continuité entre la vitalité du fœtus et celle du nouveau-né : ce sont des manifestations du « tempérament » constitutionnel ; mais il est tout aussi vrai qu'il y a des fœtus mâles qui deviennent des nouveaux-nés très peu éveillés ; et des nouveaux-nés femelles très vifs et très éveillés ; on ne saurait tirer que des généralisations arbitraires en négligeant ce deuxième point de vue.

Le jeu des expectatives, qui sont opposées pour les deux sexes, commence à ce point précis, avant même que les enfants ne naissent, et n'aura jamais de fin.

Du fait que depuis des temps immémoriaux, les garçons sont conditionnés à l'activité et à l'agressivité, et les filles à la passivité et à la soumission, on en déduit qu'il s'agit d'un fait naturel lié à la biologie. Les exceptions qui se présentent, aussi nombreuses soient-elles, sont justement considérées comme des exceptions et ne portent pas pour autant atteinte au préjugé.

L'hostilité envers le sexe féminin

Lorsque nous attribuons aux autres des sentiments personnels, négatifs le plus souvent, nous faisons une projection. C'est un mécanisme inconscient de défense contre des impulsions qui sont perçues comme inacceptables par l'ego, et même des individus très équilibrés n'en sont pas exempts. A présent, la croyance diffuse qu'on accouche d'un garçon plus facilement que d'une fille, comme si le fœtus participait d'une certaine manière au mécanisme de l'accouchement, et comme si l'un, plus vif, plus fort, plus actif que l'autre, participait de quelque façon à sa mise au monde, est justement un mécanisme de projection, c'est-à-dire d'attribution aux autres de nos propres impulsions hostiles. La vérité est que la fille est moins désirée que le garçon, en fait souvent elle ne l'est pas du tout, et aussi que sa valeur sociale est considérée comme inférieure à celle du garçon, mais il ne sied pas d'exprimer ces sentiments négatifs qui heurtent cet autre préjugé tenace, *qui veut qu'on aime* ses enfants. L'absence d'amour pour un enfant est considérée comme une faute grave et intolérable : alors la situation se retourne et l'hostilité envers la fille se transforme en hostilité de la petite fille contre celle qui la porte dans son sein, hostilité si violente qu'elle peut compliquer l'acte même de l'accouchement, acte physiologique dans lequel le fœtus est complètement passif.

> « On attribue à la naissance d'une fille les plus fortes douleurs de l'accouchement ; la fille, *par sa nature même,* est source de douleur depuis le commencement. Même dans les premiers mois et années de la vie, on continuait à croire que les petites filles étaient plus pleurnichardes, causaient plus de tourments que les petits garçons.[2] »

Un autre signe de l'hostilité inconsciente à l'égard des petites filles est la croyance, maintenant très répandue, que les petites filles pleurent plus que les garçons à la naissance. Qui a l'habitude des nouveaux-nés sait que c'est le contraire qui est vrai, mais même cela ne peut s'affirmer avec certitude. Il est certainement vrai toutefois qu'il y a des enfants qui, tout de suite après la naissance, pleurent désespérément, et continuent pendant de nombreux jours, et des enfants qui pleurent très peu et dorment beaucoup sans pour cela que le sexe du nouveau-né entre en ligne de compte.

La manière dont se déroule l'accouchement a de l'influence sur l'humeur de l'enfant qui vient de naître, mais le froid en a aussi, comme l'éclairage violent de la salle d'accouchement, le contact glacé et désagréable des gants de caoutchouc avec lesquels on saisit l'enfant, le manque de délicatesse avec lequel on le manipule, on le lave, on l'habille, la température de l'eau dans laquelle on lui donne son bain, la rapidité avec laquelle on l'y plonge ainsi qu'une infinité d'autres manipulations brutales auxquelles il est soumis dans les moments qui suivent l'accouchement. Mais, dans les réactions du nouveau-né aux stimuli ambiants, il entre également des différences innées de tempérament très marquées d'un enfant à l'autre. Le degré de sensibilité aux stimuli de l'ambiance extérieure est différent pour chaque enfant et dépend probablement de sa constitution physique : sensibilité thermique et cutanée plus ou moins grande, tolérance plus ou moins grande aux bruits, à la lumière, aux manipulations, aux changements de position, plus ou moins grand besoin de contact avec un autre être humain. Même la façon de manifester de telles réactions est différenciée. L'enfant qui apparemment réagit peu à un traitement brusque et expéditif peut le ressentir aussi de façon passive et régressive, somatisant son malaise, se réfugiant dans des comportements de compensation tels que le sommeil prolongé ou la succion du doigt, alors qu'un autre manifestera plus ouvertement sa contrariété par des pleurs et de l'anxiété.

C'est le garçon le préféré

« On ne saurait dire combien il est pénible aux paysans d'avoir de nombreuses filles. Ils allèguent des motifs qui, à vrai dire, semblent plausibles : ils savent que les filles, à leur mariage, causent un préjudice aux affaires domestiques par le fait qu'on leur donne une dot et qu'elles lèsent en quelque sorte le foyer:ils se rendent trop bien compte que peu d'entre elles, à cause de leur constitution physique, sont aptes aux efforts du travail rural, par manque de robustesse, et, par suite, à la naissance d'une fille, les hommes de la famille soupirent, craignent de voir le matériel agricole abandonné faute de bras. Aimant toutefois les présages conformes à leurs désirs, ils ont introduit une coutume, dans le cas où une fille leur est née : ils apportent à la sage-femme un nombre impair d'œufs destinés au garçon, voulant faire ainsi un présage favorable et être sûrs d'avoir un garçon à la naissance suivante, même s'il leur arrive d'être déçus par cette méthode.3»

Les temps ont changé, les paysans ont déserté les campagnes et se sont installés à la ville avec leur famille, leurs filles vont travailler très tôt, avant les garçons qui étudient plus longtemps. Elles rapportent de l'argent à la maison au lieu d'en faire sortir, comme le souligne le passage rapporté ci-dessus, donc elles « rendent » à leurs familles respectives autant et plus que le garçon, qui, d'ordinaire, dépense davantage. Les femmes travaillent, au moins avant de se marier. Une fois résolu le problème de la dépendance économique vis-à-vis de la famille, on pourrait s'attendre à ce que la naissance d'une fille provoque des cris de joie, justement parce qu'il s'agit d'un être productif, prêt à travailler pour rapporter de l'argent à la maison et de plus prêt à se charger du travail domestique auquel l'individu de sexe féminin sera exercé le plus tôt possible, et dont on fera en sorte qu'il ne se soustraie jamais plus : un être pourvu d'une énergie formidable, d'une force enviable puisqu'il réussit à accomplir ce qu'aucun garçon n'aurait jamais la force de faire, un véritable triple service, constitué par le travail à la maison, le travail extra-domestique, et la procréation et l'éducation des enfants.

Au contraire, personne ne jubile. L'enfant attendu, le préféré, l'objet de tous les souhaits reste toujours le garçon.

Le fait est que, si la réalité sociale change avec une rapidité toujours croissante, les structures psychologiques de l'homme changent avec une lenteur extrême. Pendant des millénaires, l'homme a été le détenteur du pouvoir ; il ne supporte pas l'idée que cela va finir avec lui, il veut le transmettre à un autre être, semblable à lui. Qui a le pouvoir jouit d'un grand prestige ; il prend la dimension d'un symbole, il a le droit et le devoir de se réaliser au maximum, on attend de lui qu'il devienne un individu, il est considéré pour ce qu'il *sera*.

On attend de la femme qu'elle soit un objet, et elle est considérée pour ce qu'elle *donnera*. Deux destins tout à fait différents. Le premier implique la possibilité d'utiliser toutes les ressources personnelles, les ressources du milieu et celles d'autrui pour se réaliser, c'est le laissez-passer pour le futur, le bien-être par l'égoïsme. Le second destin prévoit au contraire le renoncement aux aspirations personnelles et l'intériorisation de ses propres énergies pour laisser aux autres toutes les possibilités. Le monde se maintient justement par la mise en réserve de toutes les énergies féminines, qui sont là comme un grand réservoir, à la disposition de ceux qui emploient les leurs à la poursuite de leurs ambitions de pouvoir.

La naissance d'un garçon, surtout s'il est le premier né, représente pour l'homme l'apothéose, le triomphe : si la procréation d'un enfant donne à l'homme la preuve réconfortante de sa virilité, la naissance d'un fils est ressentie comme l'expression complète, parfaite, suprême de sa propre puissance. La virilité productrice de la virilité, la perfection incarnée. L'aspiration la plus commune actuellement est de n'avoir que deux enfants, le premier étant un garçon, le second une fille.

Si le premier né est une fille, le second doit être un garçon. Si le premier né est un garçon, un second garçon sera le bienvenu. Mais si deux filles naissent, la seconde est toujours une désillusion. A ce point, on échappe à la programmation, le nombre prévu de deux enfants s'élève à trois et l'attente du garçon se fait plus tendue. S'il arrive, la partie est finie, sinon le problème devient complexe et la panique survient. La lutte entre la décision de ne plus avoir d'enfant et le désir d'avoir le garçon tant souhaité se durcit. Combien de filles ne doivent-elles pas leur naissance à la tentative d'avoir le garçon tant attendu ?

Ce désir exaspéré d'avoir des enfants de sexe différent, avec une nette préférence pour les garçons, n'aurait pas de raison d'être si l'attente des parents n'était pas aussi radicalement différente selon les deux sexes. En fait, si chaque enfant était perçu comme un individu unique, pourvu de possibilités propres, auquel on offrirait le maximum pour l'aider à se développer dans la direction qui lui est propre, la question du sexe perdrait automatiquement de l'importance. Le garçon, au contraire, est désiré pour lui-même, pour le prestige que sa naissance confère à la famille, pour l'autorité qu'il aura à l'intérieur et à l'extérieur de celle-ci, pour ce qu'il réalisera ; la fille est désirée — si elle l'est — selon une échelle de valeurs, pour ainsi dire de commodité : les filles

- sont plus affectueuses (les parents s'attendent à être plus aimés, les garçons n'étant guère affectueux),

- elles sont plus reconnaissantes (l'horrible chantage se précise, on n'en demandera jamais autant au garçon),

- elles sont mignonnes et coquettes (un « objet », une chose avec quoi jouer),

- elles sont agréables à habiller (elles ne valent pas pour elles-mêmes, mais pour leur aspect, ce n'est pas leur intelligence qu'on apprécie, mais leur beauté),

- elles tiennent compagnie à la maison (personne n'attendrait d'un garçon qu'il tienne compagnie ; dès qu'il le peut, il sort de la maison),

- elles aident aux tâches domestiques (non seulement on ne s'attend pas à ce que les garçons le fassent, mais on les en empêche, car ils sont destinés à de tout autres buts).

Cependant, malgré tous ces jugements sur le caractère affectueux, la douceur, la soumission, l'activité laborieuse des femmes, et bien qu'on les élève à moindre prix, puisqu'en général on leur donne moins d'instruction qu'aux garçons, l'opinion courante veut que les filles soient plus difficiles à éduquer. Pourquoi ?

Il est beaucoup plus difficile et pénible de contenir une énergie souvent impérieuse en prétendant qu'elle se replie sur elle-même, alors qu'elle ne tarde pas à s'atrophier lentement, que de lui laisser libre-cours et même de la stimuler en vue de réalisations concrètes. Il est plus simple de pousser un individu vers son développement propre que de réprimer la pulsion de réalisation de soi présente chez tous les individus, toute considération de sexe mise à part.

La fille, inhibée dans son propre développement, est contrainte d'organiser des mécanismes d'auto-défense pour ne pas succomber, surtout dans les cas où son énergie particulièrement vive a entraîné des répressions massives ; elle manifeste des traits de caractère qui ne sont pas du tout, comme on le pense, l'apanage du sexe féminin, mais sont simplement le produit de la castration psychologique opérée à ses dépens.

Les petites filles mécontentes, capricieuses, pleurnichardes, autodestructrices, paresseuses, inertes, passives, manquant d'intérêt, rebelles sans savoir exactement contre qui et contre quoi, incertaines de ce qu'elles veulent, sont le résultat de cette opération : une catégorie d'êtres impuissants qui ont une conscience aiguë de leur situation et qui s'y débattent avec peur, hésitation, hystérie, dans un perpétuel état d'ambivalence envers eux-mêmes et envers les autres.

Malgré la préférence marquée pour les garçons, dans le cas d'une adoption le choix s'oriente davantage vers les petites filles. Le phénomène aurait, à première vue, toutes les apparences d'une victoire du sexe féminin. Cependant, si l'on évalue les raisons pour lesquelles un couple sans enfants décide d'en adopter un, le compte n'y est pas. Les raisons les plus déterminantes dans ce choix sont les motifs utilitaires : la beauté et la grâce des petites filles, la satisfaction de s'occuper de leur aspect extérieur, la compagnie qu'elles représentent pour leurs parents et surtout pour la mère (souvent les maris consentent à l'adoption en se rendant au désir de leurs femmes), la conviction chez la mère adoptive « de ne pas savoir comment je vais m'y prendre avec un garçon, avec une fille je me sens plus à mon aise », le sentiment qu'on garde davantage auprès de soi une fille qu'un garçon parce que ce dernier « est plus indépendant », alors que la fille, même si elle se marie, reste plus attachée à sa famille, et donc qu'il n'est pas nécessaire de lui donner une profession puisqu'elle trouvera un mari qui l'entretiendra[4]. En outre, dans le cas d'enfants adoptés, on voit toujours se profiler le spectre de l'hérédité : comme le garçon assume et transmet le nom de la famille, un éventuel comportement négatif de sa part, dû à des facteurs héréditaires, aurait un écho social plus important que dans le cas d'une fille.

En Lucanie, lorsque naît un garçon, on jette un broc d'eau dans la rue, pour symboliser que le petit garçon qui est né est destiné à parcourir tous les chemins du monde ; lorsque naît une fille, l'eau est répandue dans l'âtre, pour signifier que sa vie se déroulera enfermée entre les murs domestiques.

Ailleurs, on n'a pas recours à des gestes aussi symboliques, mais la réalité est toujours la même.

Pour produire des individus qui, dans une certaine mesure, consentent à un destin pré-déterminé commençant dès avant la naissance, il est nécessaire de recourir à un système de conditionnement adéquat.

Le premier élément de différenciation, qui prend valeur de symbole, est la couleur de la layette qu'on prépare pour le nouveau-né. Etant donné l'incertitude sur son sexe, on acquiert une layette de couleur adaptée aussi bien au garçon qu'à la fille, dont cependant le rose est rigoureusement exclu, même par ceux qui voudraient une fille. Le rose, en fait, est retenu comme une couleur purement féminine, impensable pour un garçon. Les marchands d'articles pour bébés le savent parfaitement, car ils ne vendent des vêtements roses que pour des petites filles « déjà nées ». Le phénomène est encore plus stupéfiant quand on sait que l'usage des deux couleurs, rose et bleu ciel, pour distinguer les nouveaux-nés des deux sexes, est très récent. La mode du ruban coloré pour annoncer la naissance d'un petit garçon est dûe, paraît-il, à une sage-femme bolognaise il n'y a pas si longtemps, en 1929, et l'utilisation s'est ensuite étendue à des accessoires variés, y compris les faire-parts par lesquels les familles annoncent l'heureux événement[5].

Comment une coutume aussi récente aurait-elle pu s'imposer d'une manière aussi profonde si elle n'avait pas été reliée à un conditionnement beaucoup plus ancien qui exige une différenciation maximum entre les sexes ? Pourquoi la vue d'un nouveau-né vêtu de rose, dont la physionomie n'est souvent pas différente de celle d'une petite fille, suscite-t-elle des réactions de si vive répulsion ? Même en ce qui concerne l'aménagement de la chambre de l'enfant, l'adulte ne se sent en paix avec lui-même que lorsqu'il a fait de son mieux pour lui créer une ambiance qu'il pense adéquate au sexe de l'enfant. Il démontre ainsi, une fois de plus, qu'il sait que des interventions très précoces sont nécessaires pour obtenir, en son temps, le comportement désiré.

La chambre d'un garçon est agencée en général d'une manière plus rigoureuse, moins mignarde, que celle d'une petite fille. C'est le bleu ciel ou les couleurs vives qui prédominent, les tapisseries à fleurs et l'excès d'ornements sont absents. La chambre de la petite fille est plus mièvre, riche en bibelots et fanfreluches, les tons pastel y abondent à moins qu'elle ne soit rose, d'emblée.

Bien avant qu'apparaisse chez le petit garçon un comportement qui puisse être qualifié de masculin (comme l'agressivité, la voracité, la vivacité, la turbulence, les pleurs violents, etc), on éprouve le besoin de se rassurer en assignant au petit garçon une couleur pré-établie, un symbole compris de tous qui le fasse reconnaître, dès l'abord, comme un garçon.

Tout ceci révèle que les hommes sont beaucoup plus conscients qu'on ne croit de ce que le sexe n'est pas déterminé une fois pour toutes, et pour toujours, par des caractères sexuels anatomiques précis ; plus conscients aussi que l'identité sexuelle doit être acquise par le petit garçon à travers la culture du groupe social auquel il appartient, et que la manière la plus sûre pour que l'enfant acquière cette identité est de lui assigner son sexe à travers des conduites et des modèles de comportement qui ne permettent pas d'équivoque. Et cela se fait très tôt et très vite. Plus ces modèles sont différenciés pour les garçons et les filles, plus le résultat semble garanti. C'est pourquoi dès la petite enfance on élimine tout ce qui pourrait les rendre semblables et l'on exalte tout ce qui peut les différencier.

Il est né

« C'est un garçon ». « C'est une fille ». Ce sont les premiers mots que prononce le médecin dès que l'enfant est né, en réponse à la demande muette ou explicite de la mère. Lui, ou elle, sont tout à fait ignorants du problème du sexe auquel ils appartiennent, et le resteront encore longtemps. Mais il y a quelqu'un pour s'en préoccuper entre temps, et qui a déjà les idées claires sur le modèle idéal de garçon ou de fille. Le fils, ou la fille, doit correspondre le plus possible à ce modèle. A n'importe quel prix.

Si l'attente des parents, en ce qui concerne leurs propres enfants, est aussi différente en fonction de leur sexe, il est inévitable que ces derniers réagissent en fonction de leurs demandes dès le premier moment où ils se trouvent dans leurs bras. Ce simple fait conduit fatalement les enfants des deux sexes à accomplir et à vivre des expériences différentes.

En principe, les pères ont une part secondaire en apparence, mais ils maintiennent la fonction de contrôle du comportement maternel à l'égard de l'enfant, et se proposent comme objet d'imitation et d'identification pour le garçon, comme image masculine

pour la fille. Toutefois, c'est la mère qui « fait » le garçon aussi bien que la fille. Elle fera la fille à son image
et ressemblance selon le modèle approuvé par
l'homme. Elle fera le garçon selon le modèle auquel
elle a eu tout le temps de s'adapter au cours de son
enfance, de son adolescence, de sa jeunesse. Ce n'est pas
difficile : elle n'a rien d'autre à faire que de répéter avec
lui la même attitude tolérante, complice, complaisante
qu'elle a vis-à-vis des hommes adultes.

Que se passe-t-il entre la mère et le garçon nouveau-
né ? Que se passe-t-il entre la mère et la petite fille qui
vient de naître ? Il est hors de doute que la mère s'attend
à un certain type de réponses, de réactions, d'attitudes,
conformes au sexe de l'enfant, mais par quelles interventions est-elle en mesure d'induire l'enfant à modifier certains comportements qu'elle n'approuve pas
parce qu'ils n'entrent pas dans les schémas prévus ?

Le nouveau-né ne sait pas qui il est, où il est, il
ignore tout de son corps, de l'ambiance qui l'entoure,
et ignore aussi tout de sa mère. Il est presque inactif et
la satisfaction de tous ses besoins dépend exclusivement de la personne qui s'en occupe, elle ne sait de lui
que ce qu'elle veut bien en interpréter. Ses besoins sont
nombreux, et certains particulièrement aigus et
urgents, et ils provoquent chez lui, s'ils ne sont pas
satisfaits, des tensions insupportables. C'est là justement le terrain où il rencontre sa mère, et c'est justement la manière dont elle organise et mène ces rencon-
tres qui déterminera ses habitudes et ses expériences,
ses conditionnements. Allport dit :

Comment porte-t-on l'enfant, est-il emmailloté ou non, où dort-il, est-il allaité ou non, mange-t-il selon un horaire ou selon sa demande, à quel moment est-il sevré, comment est-il puni (si cela arrive), que se passe-t-il lorsqu'il est de mauvaise humeur ou lorsqu'il se mouille, se salit, comment se déroule sa toilette, qu'arrive-t-il lorsqu'il touche ses organes sexuels : autant de questions que se posent ceux qui considèrent que la personnalité se forme dans les premières années de la vie ».[6]

L'allaitement est certainement l'évènement le plus important de la journée d'un nouveau-né, puisqu'il satisfait son besoin le plus impérieux - être nourri - cet évènement est chargé d'implications émotives et se répète un grand nombre de fois par jour (5 à 7 fois). Brunet et Lézine rapportent que dans un échantillonnage d'enfants des deux sexes qu'ils ont étudiés[7], 34% des mères « refusaient de nourrir au sein les filles parce qu'elles considéraient cette pratique comme un travail forcé ou parce qu'elles en étaient empêchées pour des raisons de travail mises au premier plan ». Toutes les mères d'enfants mâles, sauf une, avaient au contraire voulu leur donner le sein. Pouvons-nous avancer l'hypothèse que dans les 66% des cas qui restent où les mères ont allaité leur fille, une partie d'entre elles l'ont fait à contre-cœur. Nous pouvons bien sûr avancer la même hypothèse pour une partie des 99% de mères qui ont allaité leur petit garçon ; mais cette adhésion presque plébiscitaire nous donne à supposer que dans la décision d'allaiter ou non un garçon, la mère n'a pas à lutter autant. Il est possible que pèse sur cette décision, la conviction très répandue, et réelle, que les garçons sont moins résistants, plus délicats que les filles (Il naît environ 106 garçons pour 100 filles, mais la mortalité à la naissance et la mortalité infantile chez les garçons est beaucoup plus élevée), et qu'ils ont donc davantage besoin du lait maternel ; mais il s'agit peut-être aussi du désir de les voir grandir avec le maximum de force et de robustesse, c'est-à-dire de les voir devenir des garçons en tout et pour tout.

C'est également le conditionnement des femmes, auquel bien peu d'entre elles se soustrait, qui impose qu'on donne au garçon la meilleure part, et que la femme, qu'elle soit fille ou épouse, mère aussi bien sûr, a le devoir de se mettre à son service et de ne faillir à aucun de ses devoirs, et cela depuis le début. Les petites filles, au contraire, sont habituées dès l'enfance à « se sacrifier », sinon « comment ferait-elle une fois grande » ; par conséquent, s'il ne leur est pas donnée la meilleure part dès la prime enfance, c'est « pour leur bien ».

Le mammisme est un phénomène qui se produit entre la mère et les fils, et non entre la mère et les filles. Allaiter donne un certain plaisir érotique suscité par l'excitation des mamelons par le nourrisson : il semble plus acceptable, plus « normal », que cette excitation soit le fait d'un petit mâle plutôt que le fait d'une fille, même si de nombreuses femmes nient que ce plaisir existe. Les garçons sont -dit-on- plus voraces que les filles (cela signifie qu'on attend qu'ils le soient) et il est bien connu que la production du lait est étroitement liée à la demande du bébé : plus il tète et plus la production du lait augmente. Cela peut être une des raisons pour lesquelles on allaite, en général, plus longtemps les garçons que les filles, mais en aucun cas un motif pour pousser la mère à commencer à allaiter.

Les petites filles sont le plus souvent sevrées plus tôt que les garçons. Dans la mesure où la mère ne semble pas tirer grand plaisir à les allaiter, pas plus qu'elle ne paraît considérer l'allaitement comme indispensable à une bonne croissance, il est compréhensible qu'elle cesse de le faire en toute tranquillité. Brunet et Lézine déclarent que dans le groupe qu'elles ont eu en observation,

« toutes les petites filles ont été définitivement sevrées à trois mois, et l'alimentation mixte a commencé à un mois et demi, alors que 30 % des garçons ont été au contraire allaités au-delà du quatrième mois, et pour 20 % d'entre eux l'alimentation mixte a continué jusqu'au huitième mois. On supprime le biberon aux petites filles le douzième mois, en moyenne, le quinzième mois aux garçons. La durée de la tétée est plus longue pour les garçons : à deux mois quarante cinq minutes, vingt cinq minutes pour les filles. Au biberon, huit minutes pour les filles (à six mois) et quinze minutes pour les garçons ».[8]

Le fait d'être nourri au sein, et pour une période suffisamment longue, ne représente pas un avantage purement physique, mais aussi psychique. Il signifie pour l'enfant la preuve tangible de la disponibilité du corps maternel à son égard, et en retour, l'importance de son propre corps.

L'intimité physique entre la mère et l'enfant, qui existe à partir de la jouissance du sein maternel, le rassure, et sur l'importance de son bien-être, et sur la place qu'il occupe dans la vie de la mère et par conséquent dans le monde, cette garantie est infiniment profonde et se prolonge tout au long des jours : qu'on pense au nombre des tétées... Les marques de tendresse accompagnant le rite des tétées persuadent intimement le bébé que son corps est digne d'amour, qu'il est beau. La prompte réponse de la mère, passant par des voies de communication corporelles, lui apprend qu'il est quelque chose de bon, de chaud et de beau en soi. C'est précisément dans cette acceptation profonde du corps de l'enfant par la mère que naît « l'estime de soi », qui est souvent si rare chez les filles et si excessive chez les garçons.

Dans les données ci-dessus, relatives aux différences dans le sevrage des garçons et des filles, et à la durée des tétées, il est très difficile de ne pas s'apercevoir de l'importance des demandes pressantes que fait la mère. Dans les cas de sevrage précoce, les mères que j'ai interrogées avaient tendance à donner des justifications de nature pratique comme la reprise du travail, la nécessité d'élever d'autres enfants, les tâches domestiques, la fatigue, un état de santé précaire souvent énoncé comme « épuisement », mais il est symptomatique que de telles justifications soient plus fréquentes dans le cas des filles : les garçons mangent d'autant plus qu'ils requièrent plus de temps pour les tétées, ils doivent vraisemblablement soumettre le corps maternel à une plus grande usure.

J'ai entendu parler de deux enfants allaités au sein très longtemps, l'un jusqu'à un an et demi, l'autre jusqu'à deux ans et demi. Il ne s'agit pas bien sûr d'un allaitement complet, les enfants mangeaient de tout, mais avaient encore deux tétées, une le soir et une la nuit dans le premier cas, une le soir et une le matin dans le dernier cas. Les mères en question avaient pris la décision d'attendre de voir quels étaient les désirs réels de leurs fils quant à la durée de l'allaitement, de « laisser faire la nature ». Tandis que le premier des deux enfants avait abandonné en même temps les deux tétées au bout d'un an et demi, le second avait au contraire abandonné d'abord celle du matin, et seulement à deux ans et demi celle du soir. Peut-être est-ce un pur hasard si les enfants étaient tous les deux des garçons ? Dans le cas de l'enfant allaité jusqu'à deux ans et demi, la mère avait déjà une fille qui selon ses propres déclarations avait cessé spontanément de téter vers huit mois. Dans l'autre cas, c'était un enfant unique et la mère ne pouvait donc faire aucune comparaison, mais à la question de savoir si elle aurait allaité une fille aussi longtemps, elle avait répondu après un court instant de réflexion, qu'elle l'aurait certainement fait mais qu'elle pensait qu'une fille « n'aurait jamais demandé à être allaitée pendant si longtemps », et cela parce que les petites filles « deviennent indépendantes avant les garçons », et aussi « qu'elles éprouvent moins de plaisir à sucer, alors que les garçons sont des jouisseurs ».

Est-il exact de dire que la mère y éprouvait moins de plaisir ? Les deux mères, toutefois, s'accordent à dire que leurs fils, qui ont aujourd'hui cinq et six ans, sont très actifs, créatifs, indépendants, sociables, toujours joyeux et pleins d'amour pour la vie et pour les gens.

En ce qui concerne la durée moyenne des tétées, il y a de nombreuses remarques à faire. Le fait que les garçons sont considérés comme plus voraces que les filles, que par conséquent ils mettent plus de temps à téter, est apparemment contradictoire. En fait, un enfant très affamé devrait manger très rapidement. La différence de temps mesurable entre les tétées des garçons et celles des filles est due en effet aux pauses plus ou moins fréquentes et prolongées , accordées par la mère, pendant la tétée. Chacun sait que les nourrissons tètent trois ou quatre fois pour ne déglutir qu'une fois. Téter est pour le bébé une épreuve très fatigante, qui l'oblige à reprendre son souffle et ses forces, très souvent, parce que le fait de sucer n'emploie pas seulement les muscles du visage et de la bouche mais éprouve tout le corps, cela se redouble d'une tension affective très importante et d'une énorme dépense d'énergie. Les pauses tolérées, variables d'un enfant à l'autre, donnent la mesure de la disponibilité maternelle comme de la participation émotionnelle et physique à l'allaitement. Ces actes dynamiques que sont la tétée et la déglutition sont parfaitement compris par l'adulte et entrent parfaitement dans ses rythmes ; sa fonction est claire : sucer et avaler. Les pauses semblent au contraire une perte de temps inutile ou une paresse volontaire de l'enfant (il est très paresseux disent souvent les mères) quand il ne parvient pas à considérer celle qui le nourrit comme une puissance autoritaire. Lui concéder la liberté de se reposer, de « ne pas faire », dans une série d'actions dans lesquelles la part active est essentielle, signifie que l'on réussit à se mettre « de son côté », à le comprendre intimement, à le considérer comme un individu, à respecter dans son propre rythme, dans ses exigences individuelles, dans ses demandes spécifiques, une personnalité qui n'appartient qu'à lui. La tolérance et le respect d'autrui , si difficiles à percevoir dans le cas d'un égal, sont délicates à mettre en acte avec un petit être qui n'y a pas de disposition particulière, qui n'en est pas capable, qui est excessivement dépendant et qui est pour cela souvent irritant.

C'est justement dans ces premières concessions à son autonomie, insignifiantes en apparence, que se manifeste l'hostilité ou la bienveillance de la mère. Et si l'hostilité survient, le besoin de nier sa liberté, de le plier à ses désirs, de lui imposer une discipline, de le soumettre le plus tôt possible et définitivement, apparaît aussitôt ; cette nécessité de s'imposer immédiatement, de soumettre l'enfant, est bien plus fort quand il s'agit d'une fille. Le garçon, aussi petit et inapte qu'il soit, est déjà le symbole d'une autorité à laquelle la mère est elle-même soumise et souvent avec bonheur. Tous deux se tyrannisent réciproquement, dans une sorte de jeu amoureux, mais en arrivent rarement au conflit ouvert.

Dans le cas des petites filles, au contraire, la rapidité des tétées nous semble imputable aux pressions maternelles répétées. Tous les moyens leur sont bons pour signifier à leurs filles « dépêche-toi ! ». On peut sans difficulté induire des enfants de cet âge à se conformer à un rythme plus rapide. Il suffit d'observer la manière dont les choses se passent dans les orphelinats pour enfants trouvés, ou dans les crèches, du fait d'une carence chronique et du manque total de qualification du personnel, on essaie aussi de lui ôter de la bouche le bout de sein ou le biberon, lorsqu'une pose dans la tétée se prolonge plus longtemps qu'il n'est toléré, en le tenant dans une position tout à fait inconfortable, provisoire, dans laquelle il sent qu'il ne lui est pas permis de s'abandonner. En effet, dans ces institutions, les nourrissons et les enfants sevrés mettent bien moins de temps que les enfants élevés dans leur famille pour consommer leur repas. Le dressage leur est imposé dans les premières semaines par les moyens dont nous avons parlé, et qui deviennent très vite inutiles car l'enfant devient plus rapide.

La mère communique parfaitement son état d'âme et ses désirs à l'enfant qu'elle allaite. Le nouveau-né a une sensibilité très aiguë de la manière dont on le tient. Il apprend très vite, à de nombreux signes, s'il lui est permis de s'abandonner tranquillement aux plaisirs du repas, ou si ceux-ci lui sont interdits : la tension musculaire des bras, la position dans laquelle on le tient, les préliminaires du repas, la façon dont il se déroule, la rapidité ou la lenteur des mouvements qui à un niveau plus profond, sous-entendent hostilité ou bienveillance. Il y a une manière de dire «dépêche-toi» ou «prends ton temps» que le nouveau-né perçoit dans les moindres gestes de l'adulte qui est en train de le nourrir. Il n'est pas encore à même d'interpréter les mimiques sur le visage de sa mère, (mais cela ne saurait tarder tant il est vrai que vers le second mois il répond au sourire par un sourire), ni de comprendre les mots qu'elle lui adresse, (mais il saisit parfaitement, au ton de la voix, la douceur ou la dureté), il est dans un contact habituel si étroit avec son corps qu'il comprend parfaitement ce qui se passe, au moindre mouvement impatient d'un bras, à un brusque changement de position, à la façon dont la mère lui offre ou lui refuse son corps, à la position précaire ou confortable où il est mis, aux caresses qu'on lui donne ou lui refuse. Le nouveau-né perçoit très clairement le moindre malaise : il cherche alors immédiatement à comprendre ce qu'on veut de lui pour tenter de s'y conformer parce que le malaise lui est intolérable. L'accord entre la mère et l'enfant devrait découler de ce que la mère se plie aux exigences de l'enfant mais trop souvent il résulte, au contraire, de la soumission de l'enfant aux demandes de sa mère.

Comme nous l'avons dit, on estime que la voracité est une caractéristique des petits garçons, alors qu'il existe simplement des nouveaux-nés voraces, et d'autres qui ne le sont pas. Toutefois, l'avidité chez les petites filles est beaucoup moins tolérée. L'animalité, la volupté, la sensualité évidentes de l'enfant qui s'accroche avidement au sein ou au biberon, sont considérées comme normales chez le garçon, comme une preuve de son agressivité et de sa sensualité « naturelles », alors qu'on suppose que la fille, moins attachée aux plaisirs terrestres, a des appétits physiques beaucoup plus modérés, plus « éthérés ». Alors qu'on n'intervient pas pendant la tétée pour modérer l'impétuosité d'un garçon, on interrompt une fille qui tète avec une avidité excessive en lui ôtant le sein de la bouche, en la faisant attendre , en lui refusant le sein jusqu'à ce qu'elle approche pour le prendre avec une « grâce toute féminine ». L'avidité ne va pas avec la grâce.

J'ai souvent entendu des femmes qui allaitaient des petites filles très voraces, s'en plaindre comme d'un défaut, exprimant le souhait qu'elles changent. Cette préoccupation projetée parfois dans le futur, se portait sur l'aspect esthétique de la petite fille : « elle va devenir une grosse dondon ». Mais des sentiments plus vrais s'exprimaient mieux chez une mère qui déclara : « elle est si avide que cela me trouble ». Ce qu'on attend d'une petite fille, c'est qu'elle mange rapidement mais avec un rythme régulier, juste pour se nourrir sans manifester un plaisir excessif.

J'ai assisté au « dressage à la délicatesse » de petites filles de quelques jours à peine particulièrement avides, hypertoniques, très robustes. Le mécanisme consistait à offrir le sein ou le biberon à la petite fille auquel elle s'accrochait avec une véritable fureur, et à soustraire de temps à autre la tétine ou le bout de sein en lui pinçant les narines, pour qu'elle soit obligée, pour respirer, d'ouvrir la bouche et de lâcher prise ; on la faisait ensuite attendre un moment, et on recommençait. Si la « violence » de la petite fille se répétait, l'intervention maternelle recommençait, accompagnée d'exhortations tantôt calmes, tantôt irritées. Ce traitement, répété chaque fois que le comportement de la petite fille n'était pas conforme à l'exigence de la mère, aboutissait en peu de temps au résultat escompté. En fait, la petite fille arrivait à contrôler son impulsion en saisissant le sein avec prudence, comme si elle le goûtait, et ce n'est qu'après qu'elle commençait à faire alterner les succions énergiques et les succions contrôlées, jusqu'à ce que l'assurance et la vigueur initiales perdues, les tétées commencent à se dérouler plus tranquillement et uniformément. Naturellement, la façon dont la petite fille se conformait au comportement requis suscitait chez la mère de nombreuses récompenses, des paroles prononcées avec douceur, des caresses, des étreintes, lui permettant de vérifier que cette fois son comportement était correct et approuvé. Un pareil conditionnement répété avec constance pendant le temps nécessaire, est suffisant pour fixer une fois pour toutes ce type de comportement.

Bien sûr, il arrive que le même type de traitement soit aussi imposé à des garçons, mais nous savons qu'il est appliqué plus souvent, et plus rigoureusement, aux petites filles, justement parce que le désir physique leur est plus difficilement concédé.

Si l'on considère que le plaisir de la succion est, pour longtemps, le plus important qu'il soit donné à l'enfant d'éprouver, et qu'il peut le rechercher activement, tout seul, si l'on sait aussi que ce plaisir est étroitement lié à la sensation gratifiante et rassurante d'avoir rempli son estomac et apaisé sa faim, on peut comprendre aisément combien le plaisir oral, concédé ou refusé, étend sa signification jusqu'à s'identifier avec le plaisir en général, d'autant qu'une série de choses interviennent par la suite pour le confirmer. On doit toujours garder en tête que le petit enfant perçoit les interventions dirigées contre ses pulsions comme des actes d'hostilité dirigés contre lui tout entier et pas seulement contre une pulsion précise. Et il a raison : lorsque nous agissons de manière aussi répressive à son égard, c'est que nous lui sommes en général hostiles.

Les nouveaux-nés et les nourrissons tètent pour se nourrir ; mais ils tètent aussi, l'estomac plein, parce que c'est agréable. Ils n'ont guère de possibilités de s'accorder des plaisirs, mais ils ont toujours un pouce à sucer : au début, par hasard, par la suite dans une recherche volontaire. On voit à quel point cette pratique les satisfait quand on sait avec quelle ardeur, quelle concentration et quel abandon ils s'y adonnent. L'adulte autoritaire et inhibé, est mis dans l'embarras par la capacité autonome de l'enfant à chercher et trouver du plaisir dans son propre corps sans lui demander la permission (que de toute façon il lui refuserait), et son intervention a lieu avant même qu'il ne lui vienne à l'esprit de s'accorder d'autres plaisirs plus embarrassants (interdit sur la masturbation). Il est plus disposé en fait à lui donner lui-même un substitut, c'est-à-dire un objet à sucer, parce qu'ainsi l'enfant est obligé de le lui demander. Ainsi l'adulte se sent important, il se sent le maître puisqu'il peut lui donner ou lui enlever à son gré ; il exerce cependant un contrôle moins grand sur l'usage du pouce, étant donné que cela fait partie du corps de l'enfant, et pour cette raison-là justement, il le perçoit, qu'il en soit conscient ou non, comme une première forme de masturbation, toujours considérée comme un vice aberrant.

Qu'il s'agisse de concéder à l'enfant qui pleure la consolation de la tétine, ou de lui permettre de sucer son pouce en paix, les mères admettent qu'elles sont plus sévères avec les petites filles, et plus indulgentes avec les garçons. Les raisons évoquées sont souvent des rationalisations d'impulsions plus profondes : la première de toutes, pour les petites filles, est que la tétine ou le doigt déforment le palais, chose qui, pour des raisons esthétiques, est jugée beaucoup plus grave et préjudiciable que pour les garçons. Objectivement, les dents en avant ne sont belles ni chez un garçon, ni chez une fille. Pour la fille, considérée depuis son plus jeune âge comme « l'objet » qu'elle deviendra, la beauté physique est estimée d'une grande importance, son défaut une véritable affliction pour la famille, tandis que pour le garçon elle l'est beaucoup moins.

Ce qui ne va pas entre les petites filles et leur mère, se révèle dans les troubles de l'alimentation et du sommeil dont les mères se plaignent. O. Brunet et I. Lézine ont observé qu'il existe

> « des troubles de la nutrition pour 94% des petites filles d'un groupe étudié (lenteur, vomissements, caprices), et seulement pour 40% des garçons. Ils apparaissent *à partir du premier mois* pour 50% des filles, elles gardent un petit appétit jusqu'à six ans, alors que les difficultés de ce genre apparaissent chez les petits garçons plus tard et s'expriment par des caprices et des exigences variés vis-à-vis de leur mère, jusqu'à six ans ».[9]

Il est évident que les mères ressentent les tentatives faites par leurs enfants pour maîtriser leur propre alimentation selon leurs désirs comme un affront et une manifestation de défiance. Chez les petites filles les conflits inhérents ne se manifestent pas tant par une rébellion ouverte que par une somatisation exprimée par des vomissements, des troubles digestifs, des difficultés du sommeil, des blocages dans la mastication et la déglutition de la nourriture : c'est là proprement une véritable résistance passive. Brunet et Lézine soutiennent toutefois que les petites filles commencent à manger toutes seules plus tôt que les garçons, c'est à dire

« entre vingt quatre et trente mois, tandis que la plus grande partie des garçons de ce groupe se fait aider jusqu'à quatre ou cinq ans. A table, les petits garçons sont beaucoup plus liés au rituel que les petites filles, et certains d'entre eux adoptent des mises en scène très compliquées en ce qui concerne la position des objets sur la table et la position de leur chaise. A table, les mères ont une attitude plus rigide avec les petites filles, et les scènes entre mère et fille, qui font du repas une dure épreuve pour toute la famille, sont plus fréquentes.
Malgré les difficultés que présentent les petits garçons, *une seule mère de ce groupe les déclare excessives*. Dans tous les autres cas, les caprices mis à part, elles considèrent le repas comme une occasion de communication joyeuse. La plus grande tolérance maternelle dans cette circonstance a sans doute contribué à créer chez les petits garçons un attachement plus grand à la situation du repas et un désir plus prononcé de prolonger l'état de dépendance qui leur est lié ».[10]

Les mères disent peu à peu aux petites filles : « tout va bien tant que je dois faire pour toi le minimum indispensable ; donc dépêche-toi de te débrouiller toute seule », injonction qui n'est qu'un encouragement apparent à l'indépendance et à l'autonomie. En fait on exigera des petites filles qu'elles se suffisent à elles-mêmes à un seul point de vue, celui qui consiste à ne pas dépendre des autres en ce qui concerne les petits faits quotidiens de caractère pratique, mais elles doivent en dépendre entièrement pour les choix les plus importants comme la réalisation de soi-même ; elles doivent aussi mettre au plus tôt leur énergie psychique au service d'autrui.

Du côté des petits garçons, le discours implicite des mères est différent :« tu peux faire ce que tu veux, c'est ton droit, mais comme je suis disposée à rester à ton service, ne te détache pas de moi » : attitude qui, au contraire, reconnaît au garçon le droit de faire des choix plus importants et de se servir de ce que d'autres mettent à sa disposition pour se réaliser.

La jeune mère d'une petite fille de onze mois qui se présente à une réunion parce qu'elle ne réussissait pas à obtenir d'elle le comportement souhaité, a l'une de ces attitudes typiques et ambiguës : elle l'encourage à l'autonomie pratique en même temps qu'elle bloque sa liberté de se développer intégralement. La petite fille avait été sevrée vers le troisième mois, car la mère disait avoir peu de lait, et que ce n'était pas la peine de se compliquer la vie avec l'allaitement mixte ; elle était donc passée, d'un jour à l'autre, au biberon, ce à quoi la petite semblait s'être adaptée avec facilité. A quatre mois, elle ne prenait que deux biberons sur quatre, les autres repas, consistant en premières bouillies, lui étaient donnés à la petite cuillère, ce qu'elle avait accepté sans protestation apparente, et ainsi à six mois elle avait réussi à boire du lait directement dans la tasse et à huit mois à manger assise à une petite table basse, et non plus dans les bras de sa mère. La petite fille avalait très rapidement, sans pause, comme la mère avait prétendu qu'elle le faisait depuis le début. Très tôt on lui avait mis la petite cuillère dans la main pour qu'elle essaie de manger seule (chose très positive quand elle répond à des désirs manifestes, mais négative lorsqu' elle est imposée de l'extérieur). La petite fille y était parvenue à tel point qu'à onze mois, avec une grande avance sur la normale, elle était en mesure de puiser dans son assiette avec sa petite cuillère et de la porter à sa bouche, laissant cependant tomber une grande partie du contenu. Sa mère cherchait des conseils justement pour vaincre cette incapacité de manier la cuillère correctement, qu'elle vivait comme une opposition obstinée de la petite fille à ses désirs.

Lorsqu'on lui expliqua qu'il n'était pas possible qu'une petite fille de cet âge parvienne à une coordination de mouvements telle qu'elle lui permette non seulement de remplir sa cuillère de soupe, de la porter à sa bouche et dans le même temps de tourner son poignet de façon à ce que la cuillère soit perpendiculaire à elle, mais aussi qu'elle soit tenue parfaitement horizontale pour que la nourriture ne tombe pas (pour cela il fallait une maturation neuro-musculaire plus grande), elle fut très contrariée. Elle objecta que la petite fille avait toujours été très précoce, qu'elle marchait et faisait ses petites « commissions » sur le pot avec une grande régularité, qu'elle pouvait très bien comprendre que tous les enfants n'étaient pas aussi précoces mais que, vu que la sienne l'était dans beaucoup d'autres domaines, le fait qu'elle se refuse à apprendre une chose aussi simple devait vraiment être de l'entêtement.

Cette extrême rigidité maternelle avait donné une petite fille tendue, peureuse, muette, très grave, très maigre et nerveuse, avec des troubles importants dans son sommeil nocturne. Dans les bras de sa mère, sans toutefois s'abandonner un minimum à son corps, raide, enfermée dans sa solitude, elle regardait autour d'elle de ses deux grands yeux mélancoliques et fixes qui ne connaissaient que l'inimitié.

Les attitudes différentes des mères à l'égard des garçons et des filles se retrouvent dans un autre versant très important de l'éducation : le prétendu dressage à la propreté. Brunet et Lézine observent que

« dans ce cas aussi, les mères sont plus exigentes avec leur fille qu'avec leur fils. L'âge moyen (où commence l'éducation de la propreté) est de cinq mois pour les petites filles (de un à huit mois), et de huit mois pour les petits garçons (de deux à quinze mois). Les difficultés face au pot (refus, caprices, entêtement, opposition) sont plus précoces chez les petites filles (quinze à dix-huit mois) que chez les petits garçons (vingt-quatre mois à quatre ans) et également plus brèves parce que, chez les petits garçons, elles se manifestent par une opposition exaspérée et prolongée, accompagnée de rites interminables ».[11]

Le dressage à la propreté commence en laissant le petit garçon assis sur le pot entre une tétée et l'autre, ou même pendant la tétée, pour un temps variable, dans l'attente qu'il fasse. Naturellement, si cela se produit, c'est vraiment le fait du hasard et non un résultat intentionnel, car l'enfant n'est en mesure de retenir ses excréments et de les déposer dans un lieu adapté qu'après deux ans, et cette aptitude est simplement due au fait qu'il est parvenu à une certaine maturation neuro-musculaire qui lui permet le contrôle des sphincters. Tout ce qui se fait avant deux ans tend à établir le réflexe conditionné pot-évacuation, mais si l'enfant fait dans le récipient adapté avant cet âge, cela signifie seulement qu'il a perçu la stimulation justement avant d'être assis sur le pot. Comme souvent on l'y maintient pendant des heures, il est fatal qu'à un moment ou un autre il y dépose quelque chose, et dans ce cas sa mère s'en réjouit beaucoup avec lui, mais surtout en elle-même, comme si le résultat atteint était le fruit de sa constance illuminée, et non du temps interminable que l'enfant est contraint de passer sur le pot. Le désir des mères, du reste compréhensible, d'arrêter ce trafic de couches sales, est tel qu'il ne leur semble jamais trop tôt pour tenter de persuader l'enfant de déposer ses excréments à l'endroit adapté. Certaines commencent dès les premiers mois, parfois en allaitant l'enfant et en le maintenant assis sur le pot en même temps pour obtenir qu'il défèque au moment de la tétée. L'enfant perçoit le malaise de la situation, mais il n'est pas en son pouvoir de satisfaire sa mère, qui lui gâche en même temps deux plaisirs, celui de la tétée et celui de l'évacuation, il ne lui en reste guère d'autres dont il puisse jouir. Si ensuite la mère pousse l'enfant à finir sa tétée dans le temps le plus bref possible, et à offrir en même temps un résultat tangible de sa station sur le pot (résultat rarement vérifié, sinon par hasard) il se produit en lui une forte angoisse, provoquée par le désir de s'y conformer et l'impossibilité en même temps de le faire. La tension de l'enfant peut devenir aiguë ; des exigences de ce genre, adressées à un adulte, seraient immanquablement taxées de sadisme, mais le sadisme appliqué aux enfants est très commun et laisse tout le monde indifférent.

Les mères sont plus tolérantes envers les garçons, même lorsqu'ils salissent leur culotte (on sait que les garçons sont moins propres, même quand ils sont plus grands), mais on attend des filles qu'elles fassent leurs besoins le moins possible, qu'elles soient plus propres, qu'elles « fassent attention », qu'elles aient plus de soin pour leur aspect et leur personne. Naturellement, ce type d'auto-discipline est exigé des petites filles plus tard, mais l'objectif est toujours présent dès le départ et c'est un facteur essentiel pour obtenir en son temps le comportement voulu. Si un petit garçon est sale et négligé, cela semble dans l'ordre naturel des choses ; si c'est le cas d'une petite fille, c'est plus gênant, et on lui attribue l'intention malveillante de ne pas vouloir rester propre : « elle le fait exprès ».

De l'ensemble des attitudes de la mère envers le corps de l'enfant, (attitudes de gratification ou de répulsion ou l'un et l'autre, tour à tour), l'enfant apprend à le considérer comme une chose bonne ou non, il apprend à s'aimer ou à se détester.

Les soins donnés au corps du nouveau-né se répètent bien des fois au cours de la journée. Lorsqu'un enfant est déshabillé et reste nu pendant que sa mère le lave, il se produit entre elle et lui des échanges d'amour très intenses, et la complaisance de la mère au corps de son enfant lui est transmise par le biais d'une très riche série de messages. Il est bien des manières de nettoyer un enfant,de le laver, de l'essuyer, de le parfumer, de le talquer et de l'habiller : les mains s'attardent, caressantes ou bien   hâtives, elles s'appuient en un contact heureux et chaud ou ne font qu'effleurer, elles sont habiles ou maladroites, dures ou douces, intimes ou étrangères, chaudes ou froides. La mère sera d'autant plus affectueuse, caressante, complaisante envers le corps de son enfant que celui-ci lui plaira, et la jouissance de son corps caressé, palpé, sollicité, massé sera d'autant plus intense qu'elle sera dégagée de rigidité, d'inhibitions et de préjugés, libre de manifester son amour.

On laisse plus facilement un petit garçon nu qu'une petite fille, car on tend à lui inculquer depuis le début le sens « inné » de la pudeur. Il arrive souvent que les mères cachent la nudité d'une fillette nouveau-née si des étrangers sont présents à la toilette, alors que cela se produit très rarement avec un garçon. Au contraire, on se complait à sa nudité et l'on fait des observations spirituelles et complaisantes sur ses attributs sexuels : « voyez un peu ce petit homme », « il a tout bien en place, lui », « qu'est-ce que tu imagines pouvoir faire avec ce zizi ridicule », « qui sait ce que tu en feras quand tu seras plus grand », et toute une série d'allusions du même genre. Ces phrases que nous avons citées pour les avoir entendues prononcer par des mères, des pères, des parents, devant un nouveau-né garçon, ont une résonance tout à fait inapplicable à une fille, et non seulement en raison de la conformation différente de ses organes sexuels, mais parce que l'on désire surtout qu'elle oublie qu'elle a un sexe et cela pour le plus longtemps possible, sinon pour toujours. Moins on le fait exister pour elle en le nommant, le remarquant, le touchant, mieux c'est. Cette différence dans l'attention aux organes sexuels des enfants est démontrée du reste par les diminutifs qu'on emploie pour y faire allusion. Dans son livre, *Le brutte parole*[12] *(Les gros mots)*, Nora Galli de Paratesi établit un long répertoire d'euphémismes utilisés pour nommer ou, mieux, pour éviter de nommer l'organe sexuel du petit garçon. (En italien, cece : pois chiche, pisello : chiche pois, bischerino : chevillette, baccellino : petit pois, « haricot », pistolino : petit pistolet, etc), alors que le paragraphe correspondant qui a trait aux organes sexuels féminins ne cite aucun diminutif ou abréviation employé pour les petites filles. Il ne s'agit certainement pas d'un oubli, mais d'une lacune réelle. Dans le répertoire de N. Galli de Paratesi nous pouvons aisément ajouter en italien : pipino : « zizi », pifferino : petit fifre, dondolino : « pendouillis », pesciolino : petit poisson, uccelino : petit oiseau, alors que nous pouvons glaner, et encore avec peine, pour les petites filles : passerina : petite alouette, pagnottina : petite miche, mouninette.

Il est vrai que l'organe sexuel masculin est plus visible que l'organe féminin, et susceptible d'exhibitions qui suscitent l'hilarité, la curiosité, l'intérêt, comme c'est le cas par exemple, lorsqu'un petit garçon urine à l'improviste, arrosant le visage de la personne qui est en face de lui, ou encore lorsque son sexe est en érection, phénomène qui se produit à un âge très précoce et qui suscite dans certains cas un embarras amusé, dans d'autres une franche gaieté et même des gestes pour palper, chatouiller la zone génitale, et souvent des baisers. Pareille chose susciterait de l'horreur si cela survenait entre un père et sa petite fille, une mère n'agit jamais ainsi avec sa fille. Même si l'organe féminin est moins apparent, il existe pourtant, mais on l'ignore volontairement. Il est vrai que parfois les mères réagissent aux exhibitions génitales des petits garçons de façon répressive, avec des épithètes du genre : « petit dégoûtant », « petit cochon », « malpropre », et ainsi de suite, mais c'est une manière de révéler l'existence des organes sexuels au lieu de les ignorer complètement comme cela se passe pour les petites filles. En somme, la sexualité du petit garçon est montrée et acceptée, souvent même particulièrement gratifiée, tandis que celle de la petite fille est passée sous silence, inexistante. Plus tard elle se manifeste, mieux ça vaut. La perfection serait qu'elle ne se manifeste jamais.

Lorsque le nourrisson, après avoir longtemps exploré son corps, en commençant par les mains qui entrent par hasard dans son champ visuel pour passer aux pieds, faciles à approcher de ses yeux, arrive à saisir ses organes génitaux, il est avantagé justement en raison de leur conformation. Il cherche avec ses mains et trouve un beau jouet pour s'amuser. La petite fille ne trouve rien d'aussi excitant ; petits garçons et petites filles parviennent pourtant à la même période à s'amuser de leurs organes génitaux en y trouvant un plaisir évident ; cependant, alors qu'on considère généralement cette activité avec une certaine indulgence chez un petit garçon, on la réprime durement dans le cas d'une petite fille.

Cette façon particulière de valoriser les premières manifestations d'ordre sexuel du petit garçon, comporte déjà le préjugé selon lequel le garçon est naturellement doté d'instincts sexuels beaucoup plus puissants que ceux de la fille, et que par conséquent ses activités érotiques doivent être tolérées, sinon franchement encouragées, alors que si la petite fille en manifeste, elle sort en quelque sorte de la norme, et il faut la tenir en bride. On peut parfaitement devenir une femme sans vivre sa propre sexualité, alors qu'on ne peut devenir un homme si on ne la vit pas pleinement : les stéréotypes en font foi.

Les rapports mère-fille sont donc plus problématiques que les rapports mère-fils dès les premiers mois de la vie, et se configurent selon des conflits typiques. Les mères avouent qu'elles sont plus anxieuses, plus nerveuses, qu'elles se sentent moins en sécurité quand elles élèvent un garçon, bien qu'elles trouvent l'entreprise plus facile. Toutefois, elles imputent ces difficultés non à elles-mêmes, mais au « caractère difficile » des petites filles, car chez les petits garçons les troubles de l'alimentation et du sommeil sont moins importants, ainsi que les conflits reconnus comme tels. Les troubles et les conflits semblent pourtant moins liés à la nervosité de la mère qu'à la rigidité des techniques employées. Les mères reconnaissent elles-mêmes qu'elles sont plus sévères avec leurs filles.[13]

Je pourrais préciser que les mères sont plus sévères, rigides et exigeantes avec les filles, surtout lorsque ces dernières sont hypertoniques, c'est-à-dire actives, curieuses, indépendantes, bruyantes, très précoces dans leur mobilité, autrement dit quand elles présentent des comportements dont le caractère est considéré comme masculin. Une petite fille hypotonique, c'est-à-dire tranquille, passive, peu exigeante, accepte sans difficulté excessive de répondre aux requêtes maternelles, car elles correspondent à ses exigences de stabilité, d'ordre, de méthode, et il n'y a donc que peu de raisons pour que la mère et la fille entrent en conflit. Mais la petite fille vivace et exubérante (caractéristiques de tempérament qui se révèlent dès les premiers jours de la vie), est traitée de la même manière que celle qui est hypotonique et réagit quelquefois de façon dramatique. Et puisque ce caractère est le seul qui n'entre pas dans les stéréotypes, des interventions violentes sont faites pour qu'il ne reste plus à la petite fille qu'à manifester un type d'agressivité reconnu comme « féminin », c'est-à-dire l'auto-agressivité, les pleurs prolongés, l'auto-compassion.

Dans le cas du garçon hypotonique, les interventions éducatives tendent à stimuler l'enfant le plus possible pour qu'il devienne plus vivace et plus agressif. Si cette pression représente une violence faite au caractère de l'enfant pour obtenir qu'il se conforme au stéréotype masculin requis — et par conséquent certaines qualités seront réprimées au profit d'autres — le dommage sera toutefois moins grave pour lui que celui que subira la petite fille hypertonique, contrainte à se conformer à un modèle aussi irrémédiablement en-deçà de ses propres possibilités.

Le garçon hypertonique, comme la fille hypotonique, est le plus proche du stéréotype. La mère combat parfois sa vivacité, mais son opposition est limitée à des faits contingents, et ne concerne pas la manière d'être globale (ce qui arrive au contraire pour la petite

fille hypertonique). Le garçon « brise-tout » est largement accepté, au fond, on aime qu'il soit ainsi ; la fille
« brise-tout » ne l'est pas du tout, son agressivité, sa
curiosité, sa vitalité effraient et toutes les techniques
possibles pour l'induire à modifier son comportement
sont mises en œuvre.

O. Brunet et I. Lézine rapportent le cas extrêmement
significatif d'une petite fille hypertonique très agitée et
turbulente. Elle avait commencé à marcher avant douze
mois, et, d'après les tests auxquels on l'avait soumise,
s'était toujours montrée précoce dans tous les
domaines. Les grands conflits avec sa mère avaient
éclaté autour de ses dix-huit mois à cause de sa vitalité,
et celle-ci avait décidé d'employer la manière forte. La
mère, rigide, tatillonne, perfectionniste « aime avoir
pour principe d'appliquer le règlement dans tous les
domaines ». Peu de mois après, la petite fille est rame-
née à la raison, devient très stable, elle s'applique longuement à des attitudes diverses de sorte que, à trois
ans, elle tricote, à quatre ans, elle repasse, à cinq ans,
elle fait son lit toute seule. Mais la nuit elle grince des
dents, et alors on la soumet à nouveau à des tests psychologiques :

> « Elle s'énerve, elle serre les poings, elle rentre la tête dans les
> épaules (à trois ans) ; elle se montre inhibée, tremblante, elle se
> mord les lèvres (à quatre ans) ; elle a des gestes bien contrôlés et
> précis, mais reste timide et inhibée (cinq ans), elle pince les lèvres,
> parle à voix basse, elle a d'interminables manies d'ordre. Elle
> joue rarement avec les autres enfants et préfère les jeux tran-
> quilles. A l'école, elle semble réservée et repliée sur elle-même : on
> reste frappé par la précocité de ses tendances obsessionnelles, par

son perpétuel besoin de vérifier et de faire les choses jusqu'au bout. »

Et cela se poursuit :

« Cette situation de contrôle trop précoce est encore aggravée par l'hypertonie de la petite fille et par son besoin réfréné de mouvement. Revue à sept ans, elle nous donne une série de dessins qui expriment l'anxiété, et paraît avoir des tendances phobiques. »[14]

Il est clair que cette enfant vit dans l'angoisse de dominer ses propres impulsions afin de ne pas provoquer la colère effrayante de sa mère, qu'elle a déjà expérimentée à dix-huit mois et qui lui a fait comprendre une bonne fois pour toutes comment sa mère désire qu'elle soit. Ces tentatives désespérées pour se conformer aux demandes maternelles en réprimant le plus possible son caractère très vif l'obligent à se replier dans des activités sédentaires où elle canalise toute son énergie, sans réussir malgré tout à se libérer d'un état d'anxiété aigu qu'elle essaie de tenir en respect en se construisant des rituels rassurants de nature phobique, constituant des comportements de défense alarmants. Ce cas, vu la dureté et la volonté avec laquelle cette enfant a été réprimée, n'est certes pas commun ; mais même si elles prennent une forme moins violente, plus étalée dans le temps quoique tout aussi efficace, la plupart des petites filles sont victimes d'interventions répressives quand leur tempérament inné les porte à être différentes du stéréotype féminin imposé. Ce sont justement ces petites filles, si riches en vitalité et en curiosité, avides de vivre, tendant à conquérir le monde autour d'elles et leur propre autonomie, qui sont destinées à livrer bataille dès le plus jeune âge avec leur mère, avec bien peu de possibilités d'en sortir victorieuses.

« Comme Freud l'a mis en évidence, l'unique relation vraiment satisfaisante est celle qui lie la mère au fils, alors que tout laisse supposer que même la mère la plus affectueuse et maternelle a une attitude *ambivalente* à l'égard de sa fille ».[15]

Notes

1 DAVID RORVIK and LANDRUM SHETTLES, *Your baby's sex : now you can choose*, London, Cassel
2 GIOVANNI BRONZINI, *Vita tradizionale in Basilicata*, ed. Montemurro, Matera. p. 43.
3 GIUSEPPE PITRÈ e S. SALOMONE MARINO dans « Archivio per lo studio delle tradizioni popolari », janvier-mars 1884, p. 329.
4 BIANCA GUIDETTI SERRA, *Felicità nell'adozione*, Milano, Ferro 1968, p. 77-78.
5 GIUSEPPE VIDOSSI, *Saggi e scritti minori di folklore*, Torino, ed. Botegga d'Erasmo, 1960, p. 282.
6 GORDON W. ALLPORT, *Structure et développement de la personnalité*, Paris, Delachaux et Niestlé, 1970.
7 ODETTE BRUNET et IRÈNE LÉZINE, *Le développement psychologique de la première enfance*, Paris, P.U.F., 1965.
8 *Ibid.*,
9 *Ibid.*,
10 *Ibid.*,
11 *Ibid.*,
12 NORA GALLI DE' PARATESI, *Le brutte parole. Semantica dell'eufemismo*, Milano, Mondadori, 1969.
13 ODETTE BRUNET et IRÈNE LÉZINE, *op. cit.*
14 *Ibid.*,
15 BELA GRUMBERGER, *Le narcissisme dans la sexualité féminine*, dans J. CHASSEGUET SMIRGEL, *La sexualité féminine*, Paris, petite bibliothèque Payot, 1972.

chapitre

II

LA PETITE ENFANCE

« Moi j'en ai un, toi t'en as pas »

*Petit refrain chanté par un
garçonnet de trois ans et demi
à sa sœur de six ans.*[1]

Alessia a treize mois. Elle est ronde, solide, elle a des
couleurs, deux jambes courtes et bien plantées, des
yeux bleus, vifs et très mobiles, très peu de cheveux.
Elle va à la crèche depuis qu'elle est toute petite, et chaque matin elle arrive heureuse, ôtant prestement son
manteau tant elle a hâte d'entrer. Elle déborde d'énergie et de vitalité, elle est toujours de bonne humeur,
rieuse, active, très curieuse, bruyante et vive. Elle a
appris à marcher à dix mois et, à présent, elle se déplace
très vite malgré des expériences malheureuses dont elle

ne se plaint jamais, et tombe très souvent. Elle se relève et repart, toujours prête à de nouvelles aventures, toujours disposée à prendre des risques, vagabondant, explorant, se fourrant sans cesse dans des situations périlleuses. Elle monte et descend les escaliers à toute allure, se tenant à peine, elle grimpe sur les balustrades, les murs, les portails, les chaises, les bancs et les genoux de quiconque lui témoigne de la sympathie. Elle est toujours affairée, absorbée par ce qu'elle fait, prise par l'intérêt du moment au point d'être complètement indifférente à ce qui se passe autour d'elle. Elle transporte des objets lourds et plus volumineux qu'elle, ses efforts pour tout faire seule la rendent écarlate mais elle refuse toute aide. Elle mange seule et pousse des cris sauvages si on essaie de l'aider. Son vocabulaire est très limité, de l'autorité à la politesse, avec de nombreux « C'est à moi ! » prononcés d'une voix très forte et des « Mercis » à profusion, plus ou moins à propos. Elle appelle « Bébé » tous les enfants alors qu'elle n'a pas de mots pour désigner les adultes, sauf sa mère. Elle n'est pas agressive avec les autres enfants, qu'elle aime et recherche beaucoup, surtout quand ils sont plus grands qu'elle. Elle les observe longuement dans leurs jeux, sans toutefois y participer, et parfois s'insinue dans les petits groupes d'enfants plus âgés.

Lorsque son attention et ses désirs sont captés par un objet qu'un enfant tient dans la main elle dit d'une voix de stentor :« C'est à moi ! » mais elle n'essaie pas de le prendre à son légitime propriétaire. Les plus grands ne la prennent pas beaucoup en considération, parfois ils la poussent, elle tombe, se relève en les regardant d'un air stupéfait, comme si elle ne comprenait pas, mais elle ne pleure pas. Téméraire et aventureuse, elle se met toujours dans des situations hasardeuses ; par exemple, elle grimpe sur quelque balustrade, regarde en bas, un peu inquiète, se demande bien sûr comment elle va en redescendre, mais certaine que tout finira bien. Le trait distinctif de son caractère est précisément la confiance. A peine est-elle libérée d'une situation problématique, qu'elle se jette aussitôt dans une autre. L'envie qu'elle a de se mettre à l'épreuve, dans des entreprises qui angoisseraient des enfants beaucoup plus grands, ne connaît de cesse ni d'obstacles. Elle aime le monde avec une passion enthousiaste, elle goûte avec intensité tout ce qui se passe autour d'elle, tout ce qui bouge. Elle fait des pâtés à longueur de journée, avec du sable et de l'eau, oubliant tout et tout le monde, son petit visage est contracté, tendu, elle est toute concentrée sur la matière qui la fascine, dans une sorte de transe dont rien ne peut la distraire, sans souci d'être assise dans l'humidité ou de se salir, le visage tout barbouillé de sable.

Silencieuse et excitée, elle explore une grande corbeille remplie de jouets et en essayant de saisir un objet qui se trouve tout au fond et qui l'attire particulièrement, elle finit par y tomber la tête la première ; elle agite furieusement ses jambes pour en sortir, sans un mot, sans un appel, comme s'il s'agissait d'un incident qui ne concerne qu'elle et dont elle n'entend pas qu'un autre la sorte. De sa lutte pour sortir de la corbeille, qui a duré quelques minutes, elle émerge avec son petit visage congestionné et contrarié ; offensée, elle abandonne le panier traître et prend un instant de repos sur une petite chaise, qu'elle laissera après avoir repris son souffle pour repartir vers une nouvelle aventure. Un petit garçon passe à côté d'elle avec des biscuits à la main, elle se ranime tout de suite, saute sur ses pieds et le harcèle en s'exclamant de temps en temps. « C'est à moi ! » mais l'autre ne lui prête pas attention : elle se plante devant lui et répète sa demande sans faire aucun geste pour s'approprier le biscuit. Le petit garçon tourne les talons pour se débarrasser d'elle, et dans le mouvement qu'il fait, un biscuit glisse à terre à son insu. Mais Alessia l'a vu, vite elle le ramasse, elle dit « Merci » à voix très haute pour rien, et se met à grignoter avec un plaisir évident. Un peu fatiguée par ses nombreuses aventures, elle trouve un refuge momentané dans les bras d'une assistante, puis se dégage en se tortillant et repart aussitôt vers de nouvelles expériences.

Alessia n'a que treize mois. Elle est combative, énergique, volontaire, elle sait ce qu'elle veut et le veut tout de suite. Elle est têtue, tenace, patiente, fière et digne. Elle a de rares faiblesses, elle réclame son autonomie ; si l'on ouvrait la porte elle irait à l'aventure sans hésiter, à condition de chercher de temps à autre un réconfort à sa fatigue dans des bras affectueux.

Quelle opération massive de répression faudra-t-il pour qu'un tel individu, débordant de vitalité, d'énergie et d'amour pour la vie, donne une petite femme disposée à rester enfermée entre les quatre murs opprimants de son petit intérieur, prête à consacrer son énergie débordante à la misère obsédante des tâches domestiques ? Et cela admis, combien de ténacité, d'efforts, de persévérance et combien d'hostilité faudra-t-il déployer pour réduire un être aussi riche à ce carcan rigide qui passe pour être la féminité ? Alessia est encore très petite : elle a une mère affectueuse et tranquille qui la laisse trépigner à volonté et la regarde avec une indulgence amusée,elle est encore à l'âge où l'on accepte que les petites filles soient de catastrophiques garçons manqués, et les petits garçons de gentils poupons, mais cela n'a qu'un temps.

Moi je suis un garçon
Moi je suis une fille

L'enfant fait très vite la différence entre un être de sexe féminin et un être de sexe masculin, cette capacité est vérifiable chez lui dès la fin de sa première année. Si on lui montre des images d'adultes des deux sexes et qu'on lui demande : « Où est Maman ? » « Où est Papa ? », il montre les personnages correspondants suivant leur sexe. L'étape suivante dans la reconnaissance de soi comme individu semblable aux autres consiste à se reconnaître en tant que garçon ou en tant que fille, et cela se produit à l'âge de 18 mois environ. Cela ne signifie pas que l'enfant exprime verbalement l'idée « Je suis un garçon » « Je suis une fille », mais il sait qu'il y a deux sexes, que son père et sa mère sont différents, et qu'il est, lui, comme son père ou comme sa mère. J'ai fait une expérience avec un certain nombre d'enfants de deux ans environ, possédant une bonne capacité de verbalisation : ayant demandé aux petites filles : « Es-tu un garçon ? » j'ai aussitôt reçu des « Non » catégoriques, et j'ai eu la même réponse de la part des petits garçons quand je leur ai demandé :« Es-tu une fille ? ».

Au même âge chez les garçons, on trouve d'emblée l'arrogance de leur sexe, et donc la conviction, transmise par l'entourage familial, de la suprématie masculine. A ce propos, voici la réaction typique d'un petit garçon d'un peu plus de deux ans qui, à la caresse d'une vieille dame qu'il ne connaissait pas, répondit avec animosité : « Ne me touche pas, je suis un garçon ! »

René Zazzo [3] situe la prise de conscience de son sexe aux alentours de trois ans, affirmant qu'à cet âge, un enfant sait dire s'il est un garçon ou une fille. Toutefois, une enquête qu'il a effectuée sur cent petits garçons interrogés, moins d'un sur cent préféraient être une fille, alors que quinze petites filles sur cent préféraient être des garçons. A trois ans et demi, quinze pour cent de ces petites filles étaient non seulement entrées dans le conflit féminin typique dont beaucoup d'entre elles ne sortent plus, mais en plus, elles étaient déjà en mesure de verbaliser leur désir d'être des garçons. La même enquête faite quelques années plus tard sur leur sexe préféré donnerait certainement des résultats encore plus nets. Le nombre des petites filles mécontentes de l'être et envieuses de la condition masculine serait sans doute augmenté. La reconnaissance de soi comme appartenant au sexe mascuslin ou féminin est donc très précoce, et Alessia est assez proche du moment où, dans son activisme effréné, défini comme «masculin», elle va découvrir qu'elle est Alessia, une petite fille pareille à sa mère et différente de son père. Elle va reconnaître son «analogie potentielle» avec sa mère.

A un peu plus d'un an, en dépit des pressions éducatives différenciées auxquelles les enfants ont été soumis, et que nous avons examinées dans le chapitre précédent, il est encore difficile de classer les garçons et les filles selon leur comportement, tant ils se ressemblent, tant ils aiment, choisissent et font les mêmes choses. Les différences ne sont pas très évidentes et l'on doit toujours se demander si elles se rapportent au tempérament inné de chacun ou au sexe. En fait, il se présente souvent des différences de comportement plus marquées entre des enfants du même sexe qu'entre des enfants de sexe différent ; et ceci est d'autant plus vrai que les enfants sont plus jeunes. Charles Briel[4] reconnaît que :

... «Il arrive souvent que les différences entre individus du même sexe soient plus importantes que celles entre individus de sexe différents. Par conséquent, lorsque l'observation nous révèle chez un petit garçon ou une petite fille une différence typique de comportement, nous ne pouvons décider avec certitude si celle-ci doit être attribuée au sexe ou au tempérament.»

Marco a lui aussi treize mois. Il ne marche pas encore tout seul, il se tient debout avec un minimum d'appui et se déplace très vite si on lui offre un doigt. Il est assis sur un tapis ou devant une petite table et manipule des objets variés à longueur de journée, les portant souvent à sa bouche. S'il aperçoit un objet loin de lui, bien qu'il sache se déplacer facilement à quatre pattes, il le fixe longtemps avec désir, mais ne se décide à bouger pour le prendre qu'après une longue contemplation. Il a plus d'intérêt pour les personnes que pour les choses, il demande souvent qu'on le prenne dans les bras et le fait d'une manière très douce : il incline la tête sur le côté, fixe la personne qu'il veut séduire avec un gentil regard implorant et répond au sourire par un sourire de séduction authentique. Il ne pleure pas souvent, mais lorsque cela lui arrive, il veut être consolé longtemps. Il écoute les paroles de consolation et accepte les caresses avec ravissement, poussant des petits soupirs de bonheur. Si un autre enfant l'agresse, il ne se défend pas, il jette des regards alarmés et essaye seulement d'éloigner l'agresseur.

Il mange beaucoup et avec appétit, il aime tout ce qu'on lui propose, il est très autonome quand il mange des aliments solides qu'il porte directement à sa bouche avec les mains. Il a besoin d'être stimulé pour agir, car il est passif, lent, contemplatif. Il préfère regarder ce que font les autres plutôt que d'agir lui-même. Il dort beaucoup et calmement. Sa mère le traite comme un poupon avec lequel on joue, sans beaucoup d'égards envers ses désirs, mais il ne proteste pas. Si par hasard il est entraîné dans une situation périlleuse comme, par exemple, se retrouver sous son petit lit sans arriver à en sortir, il renonce tout de suite devant la difficulté et demande de l'aide. Si l'on n'intervient pas pour le tirer de cette situation, il ne pleure pas, ne proteste pas, il est seulement anxieux et attend. Une fois qu'on est venu à son aide, il manifeste sa gratitude en essayant de se faire prendre dans les bras pour ne plus en descendre. Sa mère, qui le gouverne à son gré, le faisant dormir plus que nécessaire, par exemple, l'accuse d'être une marmotte et tente de mille manières de l'inciter à marcher, à jouer et surtout à se défendre quand d'autres enfants l'agressent. Elle se plaint qu'il ne réagisse pas aux attaques de ses camarades : « Quel drôle de garçon tu fais », lui dit-elle souvent, puis elle le serre passionnément contre sa poitrine en lui disant : « tu es le petit homme de ta maman ». Elle l'habille en homme, veut qu'il fasse pipi debout comme un homme, elle est fière de ses organes génitaux qu'elle juge bien développés, et raconte minutieusement, avec orgueil, les prouesses que Marco a accomplies. Elle tire des plans sur l'avenir de l'enfant, elle a hâte qu'il soit grand, et elle le voit déjà comme un soutien.

Comme il est doux et soumis, pas très vif, on pousse Marco à être plus agressif, à avoir davantage l'esprit de compétition. S'il était une fille, on le laisserait en paix parce que son comportement correspondrait à la norme. Son rapport avec sa mère serait probablement moins gratifiant, pour elle et pour lui.

Jusqu'à un an et même un peu plus, les mouvements du corps, les gestes, les mimiques, les pleurs, les rires sont presque identiques pour les deux sexes, alors qu'ensuite ils commencent à se différencier. A cet âge là, l'agressivité plus grande attribuée au garçon n'est pas tellement évidente ; filles et garçons sont agressifs ; l'agressivité du garçon continuera plus tard à se diriger contre les autres, et celle de la petite fille se tournera en auto-agressivité. Par exemple, le recours à la « coquetterie », à un an et plus, est commun aux deux sexes. Eibl-Eibesfeldt [5] le présente comme un comportement inné d'approche et de fuite, devenu rituel, et invitant à la poursuite : l'auteur l'illustre en reproduisant une série de photos où l'on voit une petite fille de trois ans qui cligne des yeux en souriant tout en cachant son visage de sa main. On le voit très couramment : un petit garçon dans les bras de sa mère, avec un interlocuteur qui l'attire mais qui ne lui est pas très familier, cache son visage dans l'épaule de sa mère ou dans ses mains, et rit en clignant des yeux, accrochant le regard de l'interlocuteur par une alternance de mimiques provocatrices qui réclament l'attention et de mouvements de fuite ritualisés. Une véritable exhibition de coquetterie, à vrai dire ! Ce type de comportement s'atténue chez les garçons en grandissant, mais subsiste chez les filles, justement à cause des réponses différentes que donne l'adulte à de pareils comportements. Dans le premier cas, on se félicite que la petite fille soit déjà aussi « féminine », on sollicite et encourage sa coquetterie ; dans le cas d'un garçon, on ne tient pas compte de recours éventuels à la coquetterie mais on lui enseigne d'autres modèles. C'est justement parce que les adultes ne répondent pas positivement à ces procédés de séduction, en même temps qu'ils incitent le petit garçon à reproduire une attitude et une gestualité plus nettes, plus sèches, plus « masculines », que peu à peu ces comportements de minauderie disparaissent chez lui. Chez les petites filles, au contraire, ils persistent parce qu'elles peuvent les copier chez leur mère et chez d'autres femmes, et qu'elles sont encouragées à les adopter par les réponses positives qu'ils provoquent de la part des adultes. Il est à noter que les petites filles, dont les mères sont rigides, expéditives, peu enclines à des comportements prétendus « féminins », ont un répertoire de coquetterie limité, et souvent inexistant, parce qu'elles n'en ont guère eu l'exemple. La complaisance et la condescendance de l'adulte montrent à la petite fille qu'en adoptant de semblables comportements, on obtient beaucoup plus qu'en tapant du pied, en faisant un caprice ou en demandant directement et dignement ce qu'on désire. De cette manière, elle apprend à répéter des choses comme : « je ne peux pas », « je ne sais pas le faire », « pouvez-vous m'aider », enrobant le tout de tant de grâces que cela devient irrésistible. Comme elle est anxieuse de répondre à toute attente et qu'elle sait comment obtenir tout ce qu'elle veut, elle sera cette créature faible et incapable, implorante et gracieuse que l'adulte prend généralement plaisir à voir ainsi. C'est là le mécanisme qui s'apprend dans la première enfance et qui fonctionne immanquablement ; la femme s'en servira toute sa vie, au prix d'une absence d'autonomie, et du sentiment de frustration qui en découle inévitablement.

Un conditionnement sexuel ne se maintient que si on suscite un conditionnement opposé chez l'autre sexe. La supériorité et la force d'un sexe se fondent exclusivement sur l'infériorité et la faiblesse de l'autre. Si le garçon ne se considère un petit homme qu'à la condition de dominer, il faut inévitablement que quelqu'un accepte d'être dominé. Mais si l'on cesse de former le garçon à dominer et la fille à accepter et aimer être dominée, des expressions individuelles inattendues et insoupçonnées, beaucoup plus riches, plus étayées et créatrices, peuvent s'épanouir sur des stéréotypes étroits et mortifères.

Imitation et identification

Les conflits entre enfants et parents augmentent sensiblement après la première année. Avant cet âge, l'autonomie très réduite de l'enfant permet d'exercer sur lui un contrôle relativement facile. L'enfant, de son côté, est plus docile dans la période qui suit, justement parce qu'il est conscient de son impuissance et de sa dépendance vis-à-vis de l'adulte, et qu'il n'est pas encore poussé si fortement à s'opposer à la volonté des adultes par sa tendance biologique à l'autonomie.

L'apprentissage de la marche, et la plus grande autonomie qui en découle, satisfont en partie l'adulte, mais l'irritent d'un autre côté. Bien que l'enfant devienne chaque jour plus autonome — chose tout à la fois crainte et désirée — l'enfant interviendra dans la vie de l'adulte plus activement qu'auparavant : il le contraindra à s'occuper de lui, même s'il n'en a pas envie, et ne lui laissera plus comme autrefois le choix de s'en occuper ou de l'ignorer. Ce rapport, devenu plus antagoniste, excite l'autoritarisme de l'adulte. Il est très différent d'avoir affaire à un enfant qu'on peut reléguer dans son lit, dans son parc, sa poussette, toujours enfermé et sous contrôle, ou à un enfant qui court partout à travers la maison, touche à tout, et est si mobile qu'il peut se soustraire plus souvent, et avec plus de succès, à la tutelle de l'adulte.

Dès lors éclatent des conflits ouverts, car la mère se rend compte que l'enfant menace son autorité, son désir de lui donner des ordres, de le contrôler et de le discipliner. Leur rapport se transforme en méfiance continuelle, et la lutte est permanente. La mère tolère, désire même intimement que son fils lutte contre elle et prenne l'avantage, car « c'est dans l'ordre naturel des choses », (comme pour la mère, le fait de sortir vaincue de la lutte). Mais, elle ne l'accepte pas de la part de sa fille, et elle ne tolère pas qu'elle prétende à l'autonomie (elle n'a pas eu cette autonomie, et à cause de cela, elle doit prendre sa revanche sur quelqu'un d'une façon ou d'une autre), elle n'accepte pas davantage qu'un être semblable à elle, mais non égal, soit sa rivale. C'est là que commence la répression la plus directe, la plus impitoyable, la plus implacable. Avec les petites filles plus tranquilles, moins vives, et qui réclament de ce fait leur autonomie de façon moins péremptoire et moins ouverte, les conflits ne se produisent souvent pas du tout. Au contraire, il semble régner la plus grande harmonie entre la mère et la fille : en apparence, elles marchent main dans la main, mais cette idylle s'instaure et se maintient cependant entièrement aux dépens de la petite fille. Ce sont là les petites filles douces, très douces, paisibles, les chéries de leur maman, les petits singes savants, les petites femmes précoces, pathologiquement dépendantes de leurs mères et toujours dans leurs jupons : la mère déclare qu'elle n'a

79

jamais eu de difficultés avec ce genre de petites filles, parce qu'elle a toujours répondu à son attente sans aucun effort, excepté son refus d'aller à la crèche, les pleurs éperdus lorsqu'elle s'absente, la difficulté à être avec les autres enfants, la peur de la plus petite chose. Souvent les conflits ne surgissent même pas à l'adolescence : la jeune fille progresse sans heurt, appuyée sur sa mère, copie parfaite de celle-ci dont elle se détachera avec beaucoup de difficultés au prix d'efforts et de souffrances, au moment d'un éventuel mariage ; elle aura encore recours à elle pour le moindre problème, si minime soit-il, excluant son mari de ce rapport ombilical et vivant sa relation à lui en petite fille immature qu'elle est.

Douce ou violente, cette répression porterait les petites filles à se rebeller contre leur mère, bien plus souvent que cela ne se produit, si deux processus psychologiques complémentaires ne ramenaient pas fatalement les enfants vers les parents. Le premier est *l'imitation*. L'enfant apprend beaucoup de choses par imitation, mais il peut également apprendre en procédant par essais et erreurs. Le langage, par exemple, s'apprend par imitation. Ouvrir et fermer une porte peut s'apprendre par des expériences successives en corrigeant les erreurs. Le langage nous démontre quel niveau d'attention et de perfection l'enfant peut atteindre dans l'imitation. Il est en mesure d'imiter les nuances les plus subtiles du langage qu'il entend parler, et de reproduire les sons et les accents avec une exactitude stupéfiante. Dans le cas où les parents ont un accent différent de celui qui est en usage là où ils habitent, l'enfant commence à imiter l'accent de ses parents, puis élargit son attention à l'accent et à la langue des personnes étrangères à la famille, sans pour autant cesser d'imiter son entourage. L'enfant introduit des variations personnelles dans la langue et dans l'accent qu'il entend parler, par sa manière d'utiliser les mots, de construire des phrases : il crée ainsi un jargon bien à lui. L'imitation de tout autre comportement procède, chez l'enfant, du même mécanisme ; il imite avant tout la personne qui est la plus proche de lui, et ensuite d'autres modèles, sans pour autant cesser d'imiter les premiers ; et il introduit dans ce processus des variations personnelles dûes à sa singularité. Ainsi, par exemple, un enfant, garçon ou fille, auquel on donne un pantin ou une petite poupée, la serrera contre sa poitrine comme il a vu sa mère le faire. L'intervention de l'adulte visera cependant à différencier l'imitation du garçon de celle de la fille : il donnera à la petite fille plutôt une poupée à dorloter, très satisfait qu'elle le fasse, et il refusera au contraire la poupée au petit garçon, à qui il offrira un ours ou un autre animal à ressemblance vaguement humaine sans lui apprendre à le bercer. Bercer une poupée est, sans nul équivoque, un comportement maternel, l'expression du rôle féminin par excellence, on fait donc cette concession aux petites filles. Tenir un animal dans ses bras, qui ne ressemble pas de façon aussi précise et rigoureuse à un enfant, est interprété comme une manifestation d'affection et de tendresse au sens le plus large, et donc on le tolère chez un garçon, pourvu qu'il soit suffisamment jeune.

Certaines mères particulièrement informées des

conditionnements auxquels les enfants sont soumis dès leur naissance en fonction des rôles masculin et féminin, et décidées à transformer cette réalité, ont évité d'offrir des poupées à leurs filles, préférant au contraire leur donner des animaux en peluche. On ne devrait pas enlever les poupées aux petites filles, mais au contraire en offrir aux garçons. De même, les pères devraient s'occuper davantage de leurs jeunes enfants des deux sexes, en être plus proches, et dès les premiers jours, ceci pour leur donner la vision réelle, et absolument pas choquante, de l'interchangeabilité effective des rôles de père et de mère, et leur offrir un modèle de tendresse masculine. Ce n'est pas en disciplinant et en réduisant l'affectivité féminine comme on a toujours réduit et mutilé celle des hommes, ni en les empêchant de s'exprimer librement (un homme ne s'émeut pas, ne s'attendrit pas, ne pleure pas, ne se désespère pas), qu'on peut espérer enrichir les individus. Ce n'est pas en poussant les petites filles à entrer en compétition et à imiter le garçon qu'on leur offrira quelque chose de plus, mais en respectant, en favorisant le choix de chacun, indépendamment de son sexe, et en offrant aux enfants des modèles plus variés, permettant davantage de s'exprimer et plus libérés des stéréotypes dominants : ils pourront ainsi se réaliser plus complètement sans être contraints de sacrifier des aspects d'eux-mêmes qui ont une valeur précieuse.

La faculté d'imitation est à son maximum au cours des premières années de la vie, et décroît progressivement avec l'âge. Mais, tandis que l'imitation reproduit après l'avoir observé, un comportement ou une attitude, pour le répéter jusqu'à atteindre une perfection imitative, *l'identification* est un phénomène plus profond. C'est «un processus psychologique, par lequel un sujet assimile un aspect, une propriété, un attribut de l'autre personne, et se transforme totalement ou partiellement sur le modèle de celui-ci. La personnalité se constitue et se différencie par une série d'identifications».[6] A travers ce processus fortement orienté par l'émotivité, l'enfant fait siens, intériorise et répète les modèles fondamentaux transmis et entérinés par la culture. Freud soutient que «l'identification est presque l'unique principe d'apprentissage dont nous avons besoin pour expliquer le développement de la personnalité».[7] «L'identification opère par des méthodes subtiles», commente Allport.

S'identifier à un autre signifie se sentir l'autre, être lui. Alors que, dans un premier temps, garçons et filles s'identifient à leur mère, par la suite le garçon s'identifiera à son père. Les modèles paternel et maternel sont tellement différenciés entre eux que s'identifier à l'un des deux revient fatalement à se différencier de l'autre. Si la division des rôles n'était pas aussi nette entre les deux sexes, si la personnalité des parents n'était pas aussi opposée, l'identification croisée du garçon avec la mère et de la fille avec le père — que l'enfant choisit instinctivement à cause d'une affinité de caractères, comme juste et préférable pour instaurer le meilleur rapport affectif ou à cause de l'absence d'un des parents — n'aurait pas des conséquences aussi dramatiques. Si les ressemblances dominaient entre l'homme et la femme, et si la valeur sociale attribuée au sexe féminin était égale à celle attribuée au sexe masculin, l'identification du garçon à sa mère ne serait pas considérée comme dégradante, ni l'identification de la petite fille au père comme anormale. Par exemple, certaines petites filles naissent avec un tempérament bien plus combattif et « masculin » que beaucoup de garçons, et au contraire, certains garçons naissent avec un tempérament plus doux et plus sensible que beaucoup de filles. Si l'on ne proposait pas des modèles parentaux d'identification aussi opposés, et souvent si différents du tempérament originaire de l'enfant, beaucoup de qualités individuelles ne seraient pas irrémédiablement perdues car jugées inacceptables chez un individu de ce sexe. Comme Margaret Mead l'affirme,[8]

> « il n'arriverait pas alors, qu'un comportement, une attitude, une imagination vive et une pensée précise soient ignorés ou perdus du seul fait que l'enfant qui les possède appartient à un sexe plutôt qu'à l'autre. On n'assisterait pas au modelage perpétuel de l'enfant sur l'un ou l'autre type de comportement, mais il y aurait de nombreux modèles dans un monde désormais résolu à ouvrir à chaque individu la voie qui correspond le mieux à ses dons ».

La différence entre l'imitation et l'identification consiste justement en ce que l'imitation est une répétition de comportements qui produit rarement une résonnance émotive (l'enfant qui voit un autre faire du tricycle essaie lui aussi d'en faire), alors que dans l'identification il est poussé par le lien émotif qui l'attache à l'autre à vouloir être comme lui. L'identification structure l'enfant sur le modèle de l'autre. Tout dépend de *l'attitude de l'autre*, car ce phénomène complexe peut devenir complètement réducteur. La petite fille, à cause du lien affectif profond qui l'attache à sa mère, et parce qu'elle se reconnaît comme sa semblable, est poussée à la choisir comme modèle et à en devenir la fidèle reproduction. Le comportement de la mère, ses réactions, le rapport entre elles deux, le rapport de la mère avec chaque membre de la famille, sont les indices des valeurs auxquelles la mère elle-même se soumet. A travers le processus inconscient d'identification, c'est tout ce qu'est profondément la mère qui se transmet et qui est intériorisé par la petite fille. Les choses étant ce qu'elles sont, la question demeure : comment *est* cette mère ? Mais si extraordinaire et exceptionnelle qu'elle puisse être, elle n'en est pas moins une femme à qui l'on attribue une valeur sociale inférieure à celle de l'homme, et à qui l'on réserve des tâches subalternes. Si c'est bien là le modèle que les petites filles doivent intérioriser, il n'y a pas de quoi se réjouir.

De deux à trois ans, la pression exercée sur la petite fille est à son paroxysme. De toutes parts, on la pousse vers un unique objectif, celui d'assumer graduellement le rôle féminin qui prévoit un certain type de comportement pré-déterminé. Les pressions de l'éducation qui se font de plus en plus pesantes, précises et claires qui la poussent à imiter les modèles qu'elle a autour d'elle, l'identification à la mère, tout cela est rendu plus efficace encore, par le fait que la petite fille est maintenant en mesure de comprendre le langage des adultes, plein d'infinis préceptes sur ce qu'elle « doit faire » et « ne pas faire ».

Ce n'est pas un hasard si les plus graves conflits entre

les petites filles et leur mère éclatent vers dix-huit mois ; c'est-à-dire quand on commence à leur demander en toute occasion d'avoir des comportements appro-priés à leur sexe, alors qu'elles sont des petites filles-garçons, pas encore différenciées, et très actives. La petite fille poussée de toutes parts, niée, combattue, punie si elle ne se conforme pas au modèle idéal, prise entre sa tendance à s'identifier à sa mère et ses forces exubérantes qui, loin d'être dépensées la pressent, et demandent à se donner libre cours, la petite fille engage une dure bataille avec elle-même et avec les autres, bataille confuse et contradictoire où une énergie précieuse sera perdue en vain. Combattante valeureuse, elle ne trouve qu'ennemis autour d'elle. Le désavantage de la petite fille par rapport au garçon, consiste en ce que ce modèle auquel se conformer : la mère, est tout entier là, dans la maison, modèle à tout moment disponible à l'observation, à la copie, modèle rendu pour ainsi dire dans sa plénitude, qui n'est ensuite qu'une grande pauvreté.

Celui qui passe la porte de la maison et la ferme derrière soi laisse une énigme et une question passionnante : où est-il allé, et pour faire quoi ? pour ceux qui sont exclus de ce monde extérieur. Le voir sortir suscite une envie douloureuse, mais aussi une excitation, une tension, l'espoir du retour, l'attente de ce qu'il rapportera du monde extérieur avec lequel il a un lien fascinant. L'imagination se nourrit de ces absences, le désir de savoir se greffe sur les évènements fantastiques dont on imagine qu'ils arrivent à celui qui sort, et à lui seul, dès le seuil franchi. Le garçon comme la fille envient le père qui travaille, mais le premier avec l'orgueil démesuré de quelqu'un qui sait être comme son père, et qui connaîtra un jour la même aventure, tandis que l'autre l'enviera en tant que spectatrice exclue de quelque chose qui ne lui appartiendra jamais. « Que fait ton papa ? » « Mon papa travaille », répond le petit garçon avec un orgueil démesuré. « Et ta maman ? » « Elle est à la maison ».

Contrairement à celui du garçon, le monde de la petite fille se trouve là, dans la maison, avec sa mère, où tout est dépourvu de charme et de mystère : une série de faits domestiques misérables qui se répètent continuellement, qui se dissolvent peu à peu pour recommencer à nouveau, toujours les mêmes, ternes, frustes, mélancoliques, solitaires, rétrécissant cruellement le domaine de l'imagination. Elle est toujours au service des autres. Ces rituels sans mystère se produisent là, sous les yeux de la petite fille, son imagination enfantine réussit, dans un premier temps, à les colorer, à les dorer jusqu'à ce que l'énorme poussée de l'activité sensorielle l'induise à reproduire par imitation les actes maternels (et ceci arrive également au petit garçon), mais cette époque ne durera pas. Dans un premier temps, quand elle aura envie de les accomplir, on l'empêchera de participer aux activités de sa mère parce qu'on la considère comme incapable, mais par la suite on lui demandera cela comme un devoir, un apprentissage de sa future fonction de femme adaptée au service de la communauté familiale et sociale.

Le cas de la petite Laura est symptomatique. Lorsque j'ai commencé à prendre des notes à partir de son observation, la petite fille avait dix neuf mois. Robuste, dynamique, très active, attentive et curieuse de tout, extrêmement sociable, elle allait dans une crèche où elle avait de très bons rapports avec l'assistante. Ses rapports avec sa mère, qui ne l'avait pas désirée, avaient été apparemment bons tant qu'elle n'avait pas marché, mais étaient devenus tendus et difficiles par la suite à cause de sa vivacité. La mère avait un soin obsédant de sa propre personne et de sa maison, elle ne tolérait pas la plus petite trace de saleté, la plus petite tache ni dans la maison, ni sur elle-même, ni sur sa petite fille. La petite était grondée si elle salissait ses habits, ses genoux, ses mains, son visage, parfois on la punissait en l'enfermant dans sa chambre et en la privant de repas si elle rentrait sale de la crèche ou d'une promenade. Mais l'obsession de la mère pour la propreté se manifestait dans des réactions très violentes quand la petite fille mouillait ou salissait ses culottes. La mère l'accusait de ne pas faire attention, de le faire exprès, d'être une cochonne, et la frappait. Parfois il arrivait que la petite fille, laissée dans son petit lit plus que de coutume tandis que la mère s'adonnait à sa manie du nettoyage, salissait sa culotte et, comme elle était sans occupation, elle jouait avec ses excréments en les répandant partout ; la réaction de la mère était alors excessivement violente.

Elle avait des difficultés alimentaires très graves, mangeait très peu au repas, préférant grignoter quelque chose en dehors du rituel des repas.

Malgré ces rapports dramatiques avec sa mère, qui exigeait d'elle une perfection impossible, la petite fille réussissait à trouver une certaine tranquillité à la crèche où elle passait une grande partie de la journée et où elle était très active. Elle persécutait pourtant les enfants plus petits en les poussant, en leur donnant des coups et quelquefois en leur mordant les mains ou les joues. Elle s'approchait des tout-petits, caressante, avec un sourire séducteur, elle les caressait, les embrassait, mais dès qu'elle ne se sentait plus observée, elle les mordait, provoquant des hurlements de douleur et disant : « pauvre petit, il s'est fait mal ». A la crèche, on ne la grondait pas pour cela, on cherchait à la distraire et à lui proposer une activité qui l'aurait intéressée, tout en essayant en même temps de défendre contre ses attaques ses victimes sans défense. La petite fille s'agitait dès qu'un autre enfant de la crèche salissait ses culottes, courait le dire à l'assistante et grondait à son tour le coupable. Imitant bien évidemment le comportement de sa mère vis-à-vis de ses excréments, son visage se tordait alors dans des mimiques de dégoût, disant : « Quelle horreur ! ». Si c'était elle qui se salissait, elle courait vers l'assistante pour se faire changer, et bien que l'assistante ne fasse pas de semblables commentaires sur sa mésaventure, elle ne retrouvait pourtant son calme que lorsqu'elle se sentait à nouveau parfaitement propre. Dans la rue, elle était très attirée par les crottes de chiens, elle s'accroupissait et les observait longtemps, souvent, elle essayait de les toucher ou tout simplement de les ramasser pour les emporter chez elle. Il était difficile de la dissuader de le faire et de la tirer de la contemplation de pareils objets très évidemment attrayants pour elle. A la crèche, elle était très absorbée par la manipulation de la pâte à modeler. Pour calmer l'angoisse provoquée par son incapacité à retenir ses excréments, et son anxiété d'avoir à prévenir lors d'un besoin urgent ou d'être punie comme sa mère la punissait pour cela, on fit à la crèche une expérience avec de la pâte à modeler, en lui apprenant à en tirer des formes ressemblant à ses excréments, et en lui disant : « ça, c'est le caca de Laura ». La première fois, la petite fille s'y laissa prendre : elle répéta plusieurs fois : « ça, c'est le caca de Laura », mais elle n'osait pas y toucher, en souhaitant pourtant que l'assistante y touche. Elle sembla tirer un grand soulagement de cet épisode, intensifiant son activité avec la pâte à modeler et le sable humide, et parut approfondir notablement ses liens avec l'assistante qui avait montré une telle compréhension de ses problèmes. C'est à cette période que son agressivité vis-à-vis des enfants plus petits diminua de façon sensible. Mais les problèmes avec sa mère subsistaient : celle-ci montrait toujours plus d'exigence à son égard, demandant que la petite fille nettoie elle-même là où elle avait sali, qu'elle ramasse ce qu'elle avait fait tomber, qu'elle range le désordre qu'elle avait fait, qu'elle reste assise et tranquille, ne dise pas de gros mots, ne crie pas, dorme plus longtemps que nécessaire, ne batte pas les autres enfants, reste propre et ainsi de suite. Malgré tout cela, Laura était toujours pleine d'enthousiasme pour tout et pour tout le monde. Elle s'était liée avec deux mécaniciens qui tenaient un garage près de chez elle et passait des heures à observer leur travail en leur posant continuellement des questions. Elle aimait beaucoup les voitures, elle aimait jouer avec des clous, un marteau, des bouts de bois, des vis et des boulons dont elle se remplissait les poches. A vingt deux mois, elle s'adressait correctement aux hommes (pour lesquels elle avait une préférence marquée), les appelant « monsieur », et aux femmes, les appelant « madame ». Elle savait qu'elle était une petite fille et le formulait. Elle savait, parce qu'elle l'avait vu, que les petits garçons avaient un zizi, ce qui l'avait excitée et éveillé sa curiosité, mais son intérêt était vite tombé. Vers vingt-deux mois, son comportement commença à se modifier. Alors qu'elle avait été, jusque-là, « un garçon manqué », ou mieux un individu indifférencié, elle se mit à présenter certains comportements considérés comme typiques des petites filles. Elle s'asseyait devant la glace pour se peigner, et tandis qu'avant, elle se donnait d'énergiques coups de brosse, au hasard, sans aucun égard pour son apparence, elle inaugura une attitude de complaisance comme elle avait vu faire sa mère ou l'assistante. Elle arrondissait ses sourcils, battait des paupières, se souriait, s'observait de trois-quarts, approchait et éloignait son visage du miroir pour mieux se voir. Quelques jours après, elle arriva à la crèche avec les ongles peints et les montra à tout le monde, très fière. Elle se mit à minauder davantage. Elle commença à faire remarquer ses vêtements, et ses chaussures. A la crèche, elle avait toujours eu des activités « pratiques », faisant la lessive, lavant les tables, les carreaux, les portes vernies, le sol, mais lorsqu'elle le faisait en commun avec tous les enfants de la crèche, elle le faisait à sa manière, rapide, improvisée, sans rituel particulier. A partir d'un certain moment, elle

introduisit dans ces mêmes attitudes des éléments nouveaux, imitant en cela certains comportements de sa
mère. Elle avait des gestes nouveaux qui n'avaient
jamais été les siens, mais ceux de sa mère. Cette
manière qu'elle avait de se féminiser en prenant sa
mère pour modèle, devint encore plus évidente quand,
un beau jour, elle se mit à nettoyer une table et le montant d'une porte avec un chiffon savonneux : si avant,
elle avait de larges mouvements hasardeux, n'ayant pas
pour but une propreté parfaite mais seulement l'activité en soi, elle adopta à partir de ce jour des petits mouvements, restreints, maniaques, obsessionnels, en tous
points semblables à ceux de sa mère, s'acharnant sur
des petites taches presque invisibles, sur des traces de
saleté, passant et repassant le chiffon au même endroit
jusqu'à la disparition de la plus petite ombre : les
lèvres serrées, le front plissé, très anxieuse, prise par le
perfectionnisme maniaque de sa mère et par son amour
pathologique de la propreté.

D'autres comportements changèrent en même temps
chez Laura : alors que jusque-là, quand les plus grands
l'attaquaient, elle se défendait avec détermination, sans
peur, elle commença à ne plus se défendre et à subir passivement les assauts. Un jour, pour la première fois,
elle pleura sans réagir à la gifle que lui donna un autre
enfant, et de ce jour, elle adopta de plus en plus ce comportement de victime, sauf dans les cas où elle-même
agressait les plus petits : les agressions restèrent inchan-
gées. Là aussi, son attitude pouvait être attribuée à
l'imitation du comportement maternel (la mère pleurait pour un rien). Alors qu'avant ses pleurs étaient

rageurs et brefs, ils commencèrent à se prolonger, comme si la petite fille éprouvait du plaisir à pleurer. Elle devint moins active, moins téméraire, plus calme, mais plus éteinte, mélancolique. Voilà, elle était devenue une petite fille, son comportement pouvait être défini comme féminin. Elle avait été domptée, les stéréotypes avaient triomphé.

Chez bien d'autres petites filles, j'ai eu l'occasion d'observer ce passage graduel de l'agressivité dirigée vers les autres à une agressivité dirigée contre soi-même, dès l'âge de deux ans.

Je citerai le cas de deux sœurs, l'une de trois ans et demi, l'autre d'environ deux ans. Lorsque je les observai pour la première fois, la plus grande donnait des signes d'agressivité dominante contre elle-même : si on la contrariait, si on l'agressait, elle ne se défendait pas mais éclatait en lourds sanglots et commençait à s'arracher les cheveux, à se griffer la figure, et cet accès de rage impuissante montait peu à peu jusqu'à ce que la petite fille se jette par terre, se frappant la tête sur le sol, trépignant, se roulant. Les sanglots la secouaient toute entière, puis elle se calmait lentement et ces accès la laissaient exténuée, apathique, terriblement triste et mélancolique.

Sa sœur cadette avait jusqu'à vingt-deux mois environ un comportement complètement différent : elle attaquait les autres enfants avec une expression dure et hostile sur son petit visage contracté, et elle renouvellait ses attaques jusqu'à ce que l'autre commence à pleurer. C'est à ce point-là qu'elle s'arrêtait avec un air de triomphe. Si par hasard quelqu'un se risquait à l'attaquer, sa réaction était immédiate et violente, même s'il s'agissait d'un enfant bien plus fort. Évidemment, elle prenait des coups, mais elle n'y prêtait guère attention : elle serrait les dents et repartait à l'attaque. Lentement, progressivement, ses réactions commencèrent à changer et à se conformer à celles de sa sœur jusqu'à devenir pratiquement identiques. Elle ne réagissait plus aux agressions par l'agression mais se jetait par terre en pleurant, refusant toute consolation, toute aide. Elle se réfugiait dans un coin, inconsolable et triste, avec une attitude pleine de compassion pour elle-même.

La mère des petites filles était bien sûr le modèle que toutes deux imitaient et auquel elles s'étaient identifiées. Insatisfaite, geignarde, violente avec les enfants, elle repoussait toute suggestion pouvant amener une amélioration à sa situation familiale difficile qu'elle dépréciait à voix haute mais dont elle ne faisait rien pour sortir. Ses filles avaient, l'une après l'autre, et au moment où le mécanisme d'identification s'était déclenché pour chacune, reproduit son comportement avec exactitude.

Les interventions directes

C'est comme un assaut concerté sur tous les fronts : l'imitation de l'adulte, plus significative encore, l'identification avec l'adulte, les interventions éducatives directes, tout pousse l'enfant dans la même direction :

qu'il imite l'adulte en général, ou qu'il s'identifie à un adulte en particulier, il trouve des modèles d'adultes parfaitement adaptés aux valeurs stéréotypées de notre culture.

Je rapporterai fidèlement ici l'exemple d'une conversation banale entre mère et fille, où se retrouvent les éléments déjà signalés : imitation et identification transparaissent dans beaucoup de détails (le porte-monnaie, le miroir, les mimiques, les gestes identiques à ceux de la mère, etc.), les interventions éducatives directes se passent de commentaires tant elles sont typiques.

Contexte - La mère vient avec sa petite fille de vingt six mois pour me parler d'elle. Elle se plaint de certaines choses qui ne vont pas, et les cite par ordre d'importance :

- la petite fille a été mise pour dix jours dans une crèche tenue par des religieuses, mais sa mère avait été obligée de rester avec elle parce qu'elle pleurait dès qu'elle s'éloignait d'un pas ; au bout de dix jours, elle ne l'a plus amenée parce qu'il lui semblait qu'elle souffrait trop (et elle avouait avoir elle aussi beaucoup souffert) ; elle n'avait pas l'intention de renouveler l'expérience, même dans une meilleure crèche, ceci avant l'année suivante ;

- la petite fille est agressive avec les autres enfants, elle ne veut pas jouer avec eux et les mord s'ils s'approchent d'elle ; sa mère la gronde pour cela et l'éloigne des enfants ;

- la petite fille, quelquefois, fait pipi dans sa culotte ; sa mère en est très irritée, des dames dans les jardins publics lui ont dit que leurs enfants allaient sur le pot depuis qu'ils avaient huit ou neuf mois ; pourquoi la sienne ne fait-elle pas aussi bien ?

- la petite fille ne mange presque rien, elle se laisse mettre les aliments dans la bouche mais les garde pendant des heures sans les avaler ; cependant elle va très bien et son poids est très normal : comment pourrait-on la faire manger davantage ?

- la petite fille dort treize heures par nuit et deux heures par jour, mais cela convient parfaitement à la mère car ainsi elle est tranquille.

- la mère voudrait résoudre ces problèmes en une semaine, quinze jours au plus.

L'action - Elle entre en tenant la petite fille fermement par la main, bien qu'il n'y ait pas de danger en vue. Nous proposons à la fillette de s'asseoir sur un petit divan à deux places destiné aux enfants, on place en face d'elle une petite table et on lui présente un panier plein de pâte à modeler et d'éléments de formes diverses à enfiler en collier. Elle en est très heureuse et commence à s'affairer de son côté, complètement absorbée par le jeu. La mère est contrariée que sa fille soit absorbée par ce jeu qui l'empêche de l'exhiber en montrant comme elle l'a bien élevée, c'est-à-dire combien elle est obéissante. Ici commence une tentative de diversion qui révèle bien la répression en douceur mais inflexible à laquelle la petite fille est soumise.

Conversation - La mère s'adresse à sa fille sur ce ton puéril et « bébé » que presque tout le monde utilise avec les enfants, avec le même sourire factice, mimique par définition « féminine ».

La mère : Betta, veux-tu enlever ton manteau ?
Betta (ne répond pas mais sourit).
La mère : tu veux garder ton manteau ?
Betta : oui.
La mère : c'est bien, ce jeu, hein ?
Betta (ne répond pas mais sourit).
La mère : alors, tu ne veux pas enlever ton manteau ?
Betta (ne répond pas mais sourit).
La mère : c'est maman qui va enlever ton manteau ?
Betta (ne répond pas).
La mère : si tu as envie de faire pipi, dis-le à maman.
Betta : oui.
La mère (se levant d'un bond et se penchant sur l'enfant) : viens, on va aller faire pipi.
Betta (fait non de la tête) : je n'ai pas envie.
La mère : tu es sûre que tu n'as pas envie ?
Betta (ne répond pas).
La mère : fais attention de ne pas faire tomber les joujoux par terre.
Betta (ne répond pas).
La mère : alors, ça te plaît, ce jeu ?
Betta : oui.

Entre-temps, je passe devant Betta qui lève les yeux pour me regarder et sourit.

Betta : Où vas-tu ?
moi : à la salle de bains, pour faire pipi (c'était la

vérité).

Betta (sourit, amusée).

moi (sortant de la salle de bains) : est-ce que je peux m'asseoir à côté de toi ?

Betta (fait signe que oui, heureuse, et bouge pour me faire de la place ; nous ne parlons pas, nous nous regardons en silence et nous nous plaisons).

La mère : qui est cette dame ?

Betta (ne répond pas, me regarde et sourit).

La mère : tu aimes bien cette dame ?

Betta : oui (et elle me sourit franchement).

La mère : as-tu dit à cette dame comment tu t'appelles ?

Betta (ne répond pas).

La mère : pourquoi ne montres-tu pas ton petit sac à la dame ?

Betta (s'exécute).

La mère : qu'y a-t-il dans ton petit sac, Betta ?

Betta : un miroir.

(brève pause)

La mère : tu lui dis, à cette dame, comment tu t'appelles ?

Betta (se tait).

La mère : pourquoi ne veux-tu pas dire à cette dame comment tu t'appelles ?

Betta (se tait).

La mère : elle est sympathique cette dame, n'est-ce pas ?

Betta (se tait).

La mère, (s'adressant à moi) : c'est drôle, si vous saviez comme elle est bavarde ! (s'adressant à Betta) : tu sais que ce jeu est à la dame ?

Betta (me regarde mais se tait).

La mère : ne mets pas un pied sur l'autre, Betta, tes chaussures neuves vont s'abîmer.

Betta (continue).

La mère : tu as dit à la dame quel âge tu as ?

Betta (l'indiquant de ses doigts) : deux.

Moi : alors tu es une grande fille.

La mère : oui, mais de temps en temps, elle fait encore pipi dans ses culottes, cette petite fille !

Moi (faisant semblant de ne pas avoir entendu).

La mère : as-tu envie de faire pipi, Betta ?

Betta : non.

La mère : tu veux ton goûter ?

Betta (secoue la tête).

La mère : alors, tu vas garder ton manteau ?

Betta (se tait).

Le bombardement n'a duré que quelques minutes, mais tout laisse supposer que les journées de Betta sont totalement meublées de semblables interventions maternelles, auxquelles s'ajoutent celles de sa grand-mère à qui on la confie souvent.

La conversation rapportée ci-dessus est typique au sens où elle n'aurait pu se dérouler entre une mère et son fils. Les parents ont gravé dans l'esprit un modèle très précis auquel les enfants doivent s'adapter suivant leur sexe. A travers une série d'innombrables préceptes verbalisés, l'adulte transmet à l'enfant les valeurs auxquelles il est tenu de se conformer, sous peine de ne pas être socialement accepté. Ces lois trouvent leur confirmation dans le groupe d'adultes du même âge avec qui l'enfant est en rapport : eux aussi les ont reçues de leurs parents et exigent qu'elles soient respectées. Tout le processus éducatif tourne autour de cette différenciation : les demandes de l'adulte à l'enfant en portent toujours l'empreinte. Donnons une série d'exemples pour illustrer ces demandes différenciées : cela nous ennuie que les petites filles apprennent à siffler, mais cela nous semble naturel chez un garçon. On intervient si une petite fille rit de façon vulgaire, mais cela nous convient parfaitement dans le cas d'un garçon. Nous ne tolérons pas qu'une petite fille se tienne mal, cela nous semble normal chez un garçon. On suppose qu'une petite fille ne hurle pas, ne parle pas à voix haute, mais cela nous semble naturel s'il s'agit d'un garçon. On sursaute d'horreur si une fillette dit des gros mots et on la punit, alors qu'on a envie de rire si c'est un garçon qui les dit. Si un petit garçon ne dit pas « merci » et « s'il vous plaît », nous nous excusons pour lui, s'il s'agit d'une petite fille, nous sommes très contrariés. Si un garçon refuse d'aller nous chercher un objet, il nous semble que c'est son droit et nous allons le chercher nous-mêmes, si c'est une petite fille qui refuse, cela nous paraît être une rebellion ouverte. Nous tolérons qu'un garçon interrompe les conversations des grandes personnes beaucoup plus que nous ne l'acceptons dans le cas d'une petite fille. Nous supportons qu'un garçon se tienne mal à table, nous exigeons une bonne tenue de la petite fille. Si elle n'est pas affectueuse avec les enfants plus jeunes, elle nous apparaît comme un monstre de méchanceté, alors que nous attendons de la part d'un garçon des mauvais traitements plutôt que des caresses ou des baisers. Si un petit garçon arrache un objet des mains d'un autre enfant, nous l'en empêchons, mais au fond, nous nous y attendons, alors que nous ne le supposons absolument pas d'une petite fille. Si elle maltraite son chat ou son chien, nous y voyons des abîmes de perversion, nous pouvons empêcher un garçon mais cela nous semble normal. Nous tournons au ridicule un garçonnet qui a peur, cela nous semble très normal chez une petite fille. Si elle pleurniche, on lui dit qu'elle est ennuyeuse mais on lui prête attention, si c'est un petit garçon, on le traite de fillette. Nous incitons un petit garçon à jouer à la guerre, à grimper aux arbres, à s'endurcir physiquement, mais nous nous opposons à ce que la petite fille fasse la même chose. Si elle donne des coups de pieds dans un ballon, nous lui apprenons qu'il vaut mieux le lancer à la main, alors que nous apprenons au garçon à shooter. Nous sommes irrités par une petite fille désordonnée, qui se salit et déchire ses vêtements, nous l'acceptons au contraire de la part d'un garçon. Si une petite fille se rebelle devant l'offre d'une aide qu'elle n'a pas demandée pour surmonter une difficulté, nous la lui imposons quand même : s'il s'agit d'un garçonnet, nous nous en réjouissons car il nous semble déjà être un petit homme. Si un garçon fait semblant de fumer, on a envie de rire, cela semble déplacé chez une petite fille. Si nous surprenons un petit garçon à jouer avec ses organes génitaux, nous l'obligeons à s'arrêter. Si c'est une fillette, nous l'arrêtons aussi, mais nous ne réussissons pas à dissimuler notre répugnance.

Cette liste pourrait se prolonger indéfiniment. L'adulte effectue une véritable sélection automatique des interventions en fonction du sexe. Durant une visite que j'ai faite à une jeune femme, mère d'un garçon et d'une fille presque du même âge, elle demanda au garçon d'ouvrir le garage pour y ranger ma voiture, et à la fille de m'apporter un verre de lait. Aurait-elle jamais demandé à la petite fille de m'ouvrir le garage, et au petit garçon de m'apporter un verre de lait ? l'adulte sélectionne les ordres qu'il donne aux enfants selon un code précis dont il n'est pas vraiment conscient mais qui correspond à la loi qui veut que les tâches plus honorables, celles du moins que l'on considère comme telles, soient confiées au garçon. Les deux enfants pouvaient certainement l'un comme l'autre ouvrir le garage ou apporter le verre de lait, mais ce n'est pas un hasard si l'on a choisi la tâche considérée comme plus « masculine » pour l'un, et celle plus « féminine » pour l'autre. Les enfants eux-mêmes, probablement, ne se seraient pas prêtés aussi volontiers aux ordres inverses, parce que déjà conditionnés à leur tour à sélectionner et à reconnaître les devoirs qui conviennent à l'un ou à l'autre selon le sexe.

On parle encore de l'envie du pénis

Moi j'en ai un, toi pas. C'est une réalité anatomique qui ne peut être contredite ; mais il y aurait beaucoup à dire sur cette question : « l'envie du pénis » est-elle comme le soutient la psychanalyse, un élément de la psychologie féminine enracinée dans la différence anatomique des sexes, ou n'a-t-elle pas, au contraire, des racines sociales. En somme, les petites filles envient-elles les petits garçons parce qu'ils possèdent un pénis, ou les envient-elles parce que, étant possesseurs du pénis, ils jouissent d'innombrables privilèges qu'elles n'ont pas ?

Eibl-Eibesfeldt dit :

« Tout en reconnaissant les mérites de la psychanalyse sur ce point (le comportement parental dans les soins donnés aux enfants y est décrit comme sexuel), on doit cependant accuser certains de ses représentants de procédure non-scientifique : une hypothèse plausible vient trop à la légère donner une explication *per causas* qui s'appuie sur le complexe d'Oedipe, la peur de la castration et l'envie du pénis chez la fille, comme s'il s'agissait de données vérifiées, mais aucune ne l'est vraiment. Il est sûr que, dans certain cas, une fille souhaiterait être un garçon, et qu'un fils expérimente des conflits précoces avec son père ; mais tout ceci peut s'expliquer, hors du champ sexuel, et de façon autrement plausible, comme une rivalité ».[9]

Si beaucoup de petites filles ont découvert très tôt la différence anatomique entre elles et les petits garçons, d'autres n'ont jamais eu cette possibilité, et pourtant elles se sont déjà clairement rendu compte de la supériorité sociale du garçon et donc de leur propre infériorité. Il n'est pas non plus nécessaire qu'elles aient déduit cette indéniable réalité d'une comparaison entre elles et les garçons du même âge : il leur suffit largement d'observer ce qui se passe au sein de leur famille sur la base de l'autorité du père à la maison, de la considération qu'attachent à sa personne la mère et les proches, à partir du travail que le père effectue hors de la maison, de la dépendance économique dans laquelle se trouvent les membres de la famille à son égard, et qui subsiste même si la femme gagne autant ou plus que lui, il n'est pas difficile à la petite fille de déduire que ce sont les hommes qui comptent. La comparaison entre la manière dont on considère les petites filles et celle dont on considère les garçons du même âge, confirmera ce qui aura été révélé jusque-là. Au moment où elles découvriront aussi la différence anatomique, caractérisée par ce « quelque chose » en plus qu'elles n'ont pas, elles tireront les conclusions qui s'imposent et déduiront que ceux qui possèdent le pénis, possèdent aussi le prestige et l'autorité. Et si elles ont déjà découvert cette différence anatomique, tout en étant parties d'un autre point, elles arrivent de toute façon aux mêmes conclusions. Même dans le cas où une petite fille a une mère en position dominante par rapport à son mari, elle sentira que de toute façon cette domination est limitée au monde restreint de la famille. Toute femme en position dominante dans son foyer a, hors de la famille, une position subalterne par rapport à l'homme le plus dominé.

Personne n'aime se voir considéré comme un individu de seconde catégorie. Cette découverte est cause de souffrance, affaiblit l'estime de soi, diminue l'ambition, limite la réalisation de soi, provoque l'envie envers les privilégiés et le désir de l'être aussi. La comparaison incessante avec les garçons qui jouissent de privilèges qui leur sont refusés réduit notablement chez les petites filles l'estime de soi nécessaire à réaliser ses objectifs pour mener ses propres batailles. Les petites filles et les femmes souffrent en fait dans une plus grande mesure que les garçons d'un sentiment d'infériorité. Plus l'insécurité et le doute sur notre propre valeur sont profonds, plus nous sommes anxieuses d'être conformes au modèle demandé, plus nous faisons d'efforts et plus nous sommes tendues pour comprendre ce que les autres désirent de nous afin de répondre à leur attente : plus l'adaptation est réussie, plus on a de certitudes d'être acceptées et aimées.

Les petits garçons font également cette découverte.

Pour les enfants, le corps est un point de référence essentiel. Ils n'arrivent pas à imaginer qu'un autre corps puisse être différent du leur, et cette chose les remplit de stupeur tant qu'ils ne l'ont pas assimilée. De là provient leur désir de vérifier. La découverte peut aussi les bouleverser, mais seulement durant la période qui leur est nécessaire pour l'accepter, comme ils ont accepté et accepteront par la suite beaucoup d'autres découvertes importantes.

La découverte de la différence anatomique entre les sexes équivaut à celle de la différence de la couleur de la peau. Les enfants qui, pour la première fois, se confrontent à un homme de couleur, en sont fortement impressionnés. Mais ils assimilent rapidement et facilement cette découverte, car elle n'est pas liée à des données sociales qui la renforceraient en assignant un rôle prédominant à la race noire. C'est vraiment à l'enfant de race noire, découvrant l'existence d'individus de race blanche qui ont le monopole du pouvoir et une valeur sociale bien supérieure à la sienne, qu'il arrivera d'éprouver « l'envie pour l'homme blanc » dans les pays où le problème de sa propre infériorité sociale se pose continuellement à lui. La peau blanche, comme le pénis, devient le symbole du pouvoir, et donc un objet d'envie.

Lorsque les petites filles découvrent qu'elles ont « quelque chose en moins » que les garçons, personne ne les rassure sur la valeur de leur propre sexe, parce que personne n'y croit. Le père n'y croit pas, et la mère encore moins, les hommes n'y croient pas, mais les femmes pas davantage. En fait il n'existe pas entre les femmes l'orgueilleuse solidarité du sexe qui existe entre les hommes : tandis que « nous, les hommes » a la signification du triomphe orgueilleux de ceux qui appartiennent à un groupe privilégié, « nous, les femmes » revêt le ton récriminatoire des opprimés. Chez les petites filles, la découverte qu'elles n'ont pas, elles, le pénis, n'est compensée par rien. J'ai vu une petite fille de trois ans sauter de joie et aller raconter à la maîtresse et à ses petits camarades de la crèche, qu'une assistante à qui elle avait demandé : « mais pourquoi moi, je n'ai pas de zizi ? » l'avait rassurée en lui disant qu'elle avait d'autres choses tout aussi importantes.

Aucune femme, excepté celles qu'on appelle « déviantes », ne voudrait sérieusement être un mâle et posséder un pénis : mais la majeure partie des femmes désirerait avoir les privilèges et les possibilités qui sont liées au fait de l'avoir. La psychanalyse est parvenue à faire que la femme se sente coupable d'une « féminité » non accomplie dans le cas où elle s'obstine à ne pas vouloir être considérée comme un individu de seconde classe. L'absence de « l'envie du pénis » distinguerait en fait, selon la psychanalyse, les femmes vraiment « féminines », c'est-à-dire parfaitement adaptées et satisfaites de leur condition. Ce qui reviendrait à dire que seules celles qui ont accepté de gaieté de cœur leur condition d'infériorité seraient authentiquement des femmes. C'est là un point de vue décidément masculin.

Le Dr Bernard Muldworf dit :

> « Ce n'est pas l'absence de phallus que la femme déplore, c'est sa place subalterne dans la production sociale. Mais au lieu que ce rôle subalterne soit attribué à sa cause réelle, c'est-à-dire l'organisation sociale, et la différenciation du corps social en classes antagonistes, il est attribué à la nature, à la biologie, qui ne sont pas à l'origine du mode social de production, mais au contraire, sont transformées et orientées par lui. »[10]

Notes

[1] Rapporté par J. CHASSEGUET SMIRGEL, *La sexualité féminine*, Paris, petite bibliothèque Payot, 1972.

[2] ROBERT STOLLER, cité par SCHULAMITH FIRESTONE, *La dialectique du sexe*, Paris, Stock, 1972.

[3] RENÉ ZAZZO, *L'évolution du petit garçon de 2 à 6 ans*, dans *Psychologie de l'enfant, de la naissance à l'adolescence*, MAURICE DEBESSE, « Cahiers de Pédagogie Moderne », recueil collectif, Paris, Bourrelier, 1961.

[4] CHARLES BRIED, *Les écoliers et les écolières*, dans MAURICE DEBESSE, *op. cit.*

[5] IRENAUS EIBL-EIBESFELDT, *Haie-Angriff*, Stuttgart, Franckh, 1965 (neptunbücherei).

[6] JEAN LAPLANCHE et J.B. PONTALIS, *Vocabulaire de la psychanalyse*, Paris, P.U.F., 1971.

[7] GORDON W. ALLPORT, *Structure et développement de la personnalité*, Paris, Delachaux et Niestlé, 1970.

[8] MARGARET MEAD, *Mœurs et sexualité en Océanie,* Paris, Plon, 1963, traduit de l'américain par G. CHEVASSUS.

[9] IRENAUS EIBL-EIBESFELDT, *Haie - Angriff,* op. cit.

[10] BERNARD MULDWORF, *Féminité et psychologie féminine selon la psychanalyse,* dans « Bulletin Officiel de la Société Française de Psycho-Prophylaxie Obstétricale », Paris, 1964.

chapitre

III

JEUX, JOUETS et LITTERATURE ENFANTINE

« Maman m'a dit qu'à moi elle ne m'achètera pas de balai »
- Et pourquoi elle ne t'en achètera pas ? »
- Parce que je suis un garçon. »

*Dialogue entre un petit garçon de deux ans et demi et l'assistante
qui s'en occupe à la crèche*

La tendance à jouer est certainement innée chez l'enfant, mais les modes d'expression du jeu, ses règles, ses objets, sont incontestablement le produit d'une culture. Le patrimoine ludique est transmis de génération en génération par les adultes aux enfants, et par les enfants plus grands aux enfants plus jeunes : les variations, d'une transmission à l'autre, sont limitées.

«Les jeux inventés sont très rares et éphémères : la plupart du temps, l'invention se limite à des modifications involontaires chez les petits, et à des modifications progressives et très limitées chez les grands de douze ans et plus. C'est le groupe qui fournit les rites, qu'ils concernent le geste ou la voix. Or, ces rites proviennent pour la plupart des adultes. On retrouve fréquemment dans notre passé et dans les tribus primitives la source des jeux qui sont pratiqués par nos enfants.[1]»

Lorsque les adultes prétendent que l'enfant fait lui-même ses choix concernant les jeux, ils ne tiennent pas compte du fait que, pour préférer un jeu à un autre, il faut nécessairement les avoir appris de quelqu'un. L'enfant a déjà fait un choix, de la place où il est, dans le champ des possibilités qui lui sont offertes, c'est-à-dire du matériel de jeu repérable et disponible. En somme, jeux et jouets sont le fruit d'une culture précise à l'intérieur de laquelle les choix sont apparemment très larges, mais en réalité très limités.

Dans ce domaine, la différenciation fondée sur le sexe est particulièrement évidente. La plupart des jouets qu'on trouve dans le commerce est conçue pour les garçons ou pour les filles, en rapport étroit avec les différents rôles qu'on attend d'eux.

Le problème de savoir quels jouets offrir se pose depuis l'âge le plus tendre. Puisque les enfants ne sont pas en mesure, avant quatre ou cinq mois, de garder en main les objets, l'attention des adultes se concentre jusqu'à cette période sur les stimuli visuels.

On a déjà parlé de l'ameublement différencié de la chambre de l'enfant. L'usage qui consiste à suspendre des *mobiles* dans la chambre du nouveau-né (compositions de papier, bois léger, métal ou plastique, réseaux de structures métalliques suspendues à des fils de nylon, qui remuent facilement au moindre souffle d'air, attirent et retiennent l'attention de l'enfant : oiseaux, animaux, barques, fleurs, voiliers, etc...) est récent. J'ai assisté plus d'une fois au choix de ces jeux qui constituent des stimuli visuels très utiles pour les enfants d'un mois et demi et plus, et j'ai observé que la sélection s'effectuait sur la base de deux qualités fondamentales : la couleur vive de l'objet, et ce qu'il représentait. Alors que les couleurs ne constituaient pas un problème en fonction du sexe de l'enfant, excepté le fameux rose banni pour les garçons, l'objet représenté était la source d'innombrables considérations. Voiliers, barques, canoës, automobiles, chevaux, formes abstraites de couleurs et dimensions variées, étaient choisis exclusivement pour les garçons. Oiseaux, canards, cigognes, poissons, poules, animaux de cirque, ballons variés, formes géométriques de couleur étaient choisis indifféremment pour l'un ou l'autre sexe. Fleurs, anges, flocons de neige, petites poupées étaient choisis exclusivement pour des petites filles. La réponse à la suggestion provocatrice d'acheter, par exemple, un *mobile* représentant une flotte de navires était toujours un refus énergique si la destinataire était une petite fille, et l'explication en était simple et sûre - de celles qui n'admettent pas de réplique - : ça n'était pas fait pour une fille.

Les divers hochets, grelots et objets qu'on donne à manipuler à l'enfant ou qu'on suspend au-dessus du berceau, respectent la loi du rose et du bleu ciel.

Lorsqu'on en arrive à la poupée en caoutchouc ou en chiffon, la sélection se fait plus rigoureuse. Les vraies poupées, celles qui ont un aspect féminin sans nulle équivoque, sont réservées aux petites filles, les animaux sont offerts aux enfants des deux sexes. On donne aussi parfois des baigneurs aux garçons, pourvu qu'on puisse les identifier sans la moindre ambiguïté comme étant de sexe masculin, quant à la poupée elle leur est interdite depuis l'âge le plus tendre.

Lorsqu'on donne une poupée ou un animal de caoutchouc ou de chiffon à une très petite fille, on ne se contente pas de la lui offrir simplement et de voir ce qu'elle va en faire, on lui montre aussi comment la tenir dans ses bras et comment la bercer ; on ne fait pas à un petit garçon du même âge une telle démonstration de « comment les parents s'occupent des enfants », car, bercer les enfants ne fait pas partie du patrimoine gestuel des manifestations affectives chez les garçons. On voit donc des petites filles de dix, onze mois à peine, qui ont déjà acquis le réflexe conditionné « poupée - bercement » dès qu'on leur donne à tenir une poupée ou un pantin, qu'elles le serrent contre leur poitrine et le bercent. Les adultes, oubliant que ce comportement n'est que le résultat de leurs instructions, crient au « miracle biologique » : si petite, elle a déjà l'instinct maternel, ce qui les remplit de joie car le phénomène est perçu comme le signe tranquillisant de la normalité. Il est très curieux d'observer comment les garçons du même âge qui n'ont pas reçu la formation donnée aux petites filles, tiennent dans leurs bras les mêmes pantins avec des gestes beaucoup plus hasardeux, par exemple en les maintenant tout droits et non pas allongés, en leur passant un bras autour du cou, en leur serrant ou leur écrasant complètement la tête. En tout cas, le geste de bercer est pratiquement toujours absent.

Il est assez fréquent qu'au moment d'aller dormir les enfants demandent à garder avec eux une poupée, un nounours ou quelque autre animal doux auquel ils sont particulièrement attachés ; alors que souvent les petites filles emportent avec elles une poupée, il est rare qu'on le permette aux petits garçons. Si vraiment ils veulent emmener un compagnon pour dormir avec eux sous les couvertures, il faut qu'il soit de leur sexe, poupon ou animal.

Par la suite, on insistera pour que les petites filles continuent à jouer avec leurs poupées, puisque ce jeu est considéré comme un véritable apprentissage de la future fonction maternelle ; le petit garçon qui manifesterait des préférences de ce genre s'en verra dissuadé et sera orienté vers un type de jeux agressifs et compétitifs.

Lorsque le petit garçon veut jouer avec des poupées dans des petits groupes mixtes de garçons et de filles, la chose est tolérée car c'est, dans ce cas, un moyen d'assumer les rôles de père, de mari, de fils, tous rôles approuvés et reconnus comme masculins. « Moi, je serais le papa, et toi la maman », ou alors : « Moi, je serais l'enfant et toi, la maman ». Dans ce jeu, plutôt libérateur, les poupées sont grondées, maltraitées, battues, punies, en un mot, on leur impose les mêmes interdits que ceux que les parents imposent aux enfants.

Jusqu'à l'âge de cinq ou six ans environ, petits garçons et petites filles aiment pareillement les jeux qui reproduisent les activités domestiques, ils désirent ardemment participer aux activités ménagères de la mère, qui exercent un grand charme à cause des éléments utilisés : l'eau, le feu, les aliments ; les légumes, lavés et coupés en morceaux, émincés, hachés, malaxés, changent d'aspect et de consistance avec la cuisson, ils sont réduits, mélangés, amalgamés, assaisonnés, toute une suite d'opérations qui constituent des expériences stimulantes et attrayantes pour les enfants. A cet âge, la petite fille passe, sans s'en apercevoir, du jeu imitatif à une participation effective aux activités domestiques de la mère, elle est heureuse et fière qu'on lui demande cette participation dans la mesure de ses capacités et qui laisse une grande marge au jeu ; le petit garçon, en revanche, renie peu à peu ce type d'activités pour les rayer totalement de son répertoire.

C'est après cinq ou six ans que les voies suivies par les deux sexes divergent profondément : alors que les petits garçons regardent désormais les travaux domestiques avec un mépris dû à la conscience acquise que ce ne sera jamais là leur monde, les petites filles y sont ramenées de force par leur identification à la mère et par ses demandes d'aide. Les rappels de ce que seront leurs devoirs futurs, des enfants qu'elles auront, de leur maison, du mari dont il faudra s'occuper, seront répétés, pressants, continus, tant on est convaincu que si on les laissait libres, les petites filles mépriseraient les travaux domestiques autant que les garçons les méprisent. Il ne s'agit donc pas d'un simple stage d'apprentissage pour acquérir une certaine habileté, mais d'un véritable conditionnement opéré dans le but de rendre certaines tâches automatiques. De fait, si ça n'était pas là l'intention des adultes, il suffirait de quelques mois d'enseignement intensif avant le mariage pour que la jeune fille apprenne à tenir une maison : les travaux domestiques sont d'une telle banalité que n'importe qui peut les apprendre parfaitement en très peu de temps. Mais les adultes savent très bien que si un conditionnement ne se produit pas à l'âge requis, c'est-à-dire à l'âge auquel le sens critique et la rébellion sont peu sûrs, il sera d'autant plus difficile d'obtenir ces services passé cet âge. L'ordre familial et social exige que les femmes acceptent de se soumettre à cette vocation de préposées aux services domestiques, puisque leur refus mettrait en crise à la fois la caste masculine, conditionnée à se faire servir, et la structure sociale tout entière, qui refuse de supporter le prix du travail domestique féminin et le prix nécessaire à l'implantation d'une organisation qui le remplacerait.

« Bons » et « mauvais » jouets

Les marchands de jouets savent très bien que la personne qui achète un jouet pour l'offrir pense toujours au sexe de l'enfant. Il est vrai qu'à la demande typique : « Je voudrais un jouet qui convienne à un enfant de deux ans » ils répliquent : « Pour un petit garçon ou une petite fille ? ». Il est vrai qu'il existe des jouets neutres en quelque sorte, c'est-à-dire qu'on juge adaptés aux enfants des deux sexes, et ce sont en général ceux qui se composent d'un matériel non structuré, comme les innombrables jeux de construction, mosaïques, puzzles, éléments à emboîter, matériaux malléables comme la pâte à modeler et autres, les couleurs pour dessiner et peindre, les instruments de musique, etc. (bien que trompettes et tambours soient par exemple considérés comme des instruments exclusivement masculins). En revanche, dans le champ des jeux composés d'éléments parfaitement identifiables et structurés, la différenciation se fait très précise. Pour les petites filles, c'est une vaste gamme d'objets miniaturisés qui imitent les ustensiles ménagers, comme des nécessaires de toilette et de cuisine, trousses d'infirmière munies de thermomètre, bandes, sparadrap et seringues, intérieurs d'appartement avec bains, cuisine complètement équipée, salons, chambres à coucher, chambres d'enfant, nécessaires de couture et de broderie, fers à repasser, services à thé, appareils électro-ménagers, landaux, petites baignoires, et l'interminable série des poupées avec trousseau. Pour les petits garçons, le genre est complètement différent : moyens de transport par terre, par mer et par air, de toutes dimensions et de tous genres : navires de guerre, porte-avions, missiles nucléaires, vaisseaux spatiaux, armes de toutes sortes, du pistolet de cow-boy parfaitement imité à certains fusils-mitrailleurs sinistres qui ne diffèrent des objets réels que parce qu'ils sont moins dangereux, épées, sabres, arcs et flèches, canons : un véritable arsenal militaire.

Entre ces deux groupes de jeux, il n'y a pas de place pour des choix plus tolérants, des accommodements.

Les parents les plus anxieux de suivre les inclinations et les désirs de leur enfant en matière de choix de jouets ne consentiraient jamais, au cas où celui-ci le demanderait, à acheter un fusil-mitrailleur pour leur petite fille, ou une dînette pour leur petit garçon. Ça leur est impossible, ou alors, ils le vivent comme un sacrilège.

Du reste, la différenciation imposée aux garçons et aux filles dans les jeux est telle que les goûts « particuliers » en matière de jeux, au-delà de quatre ou cinq ans, commencent vraiment à signifier que le petit garçon ou la petite fille n'a pas accepté son rôle, et que donc, quelque chose n'a pas fonctionné.

Même lorsqu'il s'agit de jeux « neutres », c'est-à-dire destinés aux enfants des deux sexes, l'intention qu'ils soient davantage utilisés par des garçons que par des filles, et vice-versa, apparaît souvent avec évidence dans les illustrations qui ornent les boîtes et les emballages. A ce propos, les constructions de plastique *Lego* sont caractéristiques : sur les boîtes apparaissent exclusivement des petits garçons qui construisent des gratte-ciels, des tours, des chars d'assaut, des maisons, etc... La même marque « Lego » a cependant mis en vente des boîtes de construction spéciales pour petites filles qui contiennent, pour changer, des éléments appropriés pour construire des ensembles cuisine complets, y compris le frigidaire, la machine à laver le linge, à laver la vaisselle, ou bien des salons, des salles de bains, des chambres à coucher, et ainsi de suite. Bien évidemment dans ce cas, l'image du petit garçon sur la boîte disparaît pour laisser place à celle d'une petite fille : la future épouse-mère consommatrice. Depuis quelque temps, sur les emballages d'une marque connue de pommes de terre, il y a un dessin stylisé qui représente une petite fille et qui mentionne : « pour les petites filles ». Sur le dos de l'emballage, le discours devient explicite : « Petites filles ! cette préparation contient un jouet-surprise. Vous pourrez trouver : des petites casseroles, des petits couverts, des petits plats, des barrettes, des bracelets, des petites bagues, des poudriers, des peignes, des fers à repasser, des poussettes, des petites poupées et beaucoup d'autres jouets amusants. » Les deux orientations fondamentales de l'éducation des petites filles sont parfaitement respectées dans le répertoire des jouets offerts : la tenue de la maison et le soin de sa propre beauté. Sur l'emballage correspondant aux « petits hommes », on peut lire : « Garçons ! cette préparation contient un jouet-surprise. Vous pourrez trouver : des soldats, des avions, des chars d'assaut, des modèles de vieilles voitures et de voiliers à assembler, un jeu de puce, des pistolets à ressort, des sifflets, des petits trains, des badges d'équipes de football, et beaucoup d'autres jouets sympathiques. » Tout est dans l'ordre, comme on peut le voir.

Les parents soutiennent que les enfants choisissent spontanément les jouets en fonction de leur sexe, manifestant ainsi des tendances très précises. Il est courant de voir un petit garçon devant la vitrine d'un magasin de jouets insister jusqu'à la crise d'hystérie pour obtenir que ses parents lui achètent une auto miniature, un avion ou un fusil. Souvent ses parents le lui refusent, alléguant des motifs variés (cela coûte trop cher, tu en as déjà d'autres, etc...), mais, le fait que cela ne lui convienne pas n'entre pas dans les considérations. La fixation du petit garçon s'instaure donc sur la certitude qu'il s'agit d'un jouet *permis*, et elle vient après qu'on lui ait proposé et offert une série infinie de jouets de ce type précis et une aussi longue série de refus à toute demande de jouets différents. L'obstination de l'enfant pour obtenir justement ce jouet n'est donc qu'un pseudo-choix ultérieur fait parmi les choix déjà opérés a priori par les adultes. L'adulte, en effet, cède à un moment ou un autre aux instances de l'enfant, alors qu'il est tout à fait rare qu'il le fasse lorsque l'enfant persiste dans des choix considérés comme erronés.

J'ai entendu un petit garçon d'environ cinq ans qui suivait sa mère au supermarché, insister pendant toute la durée des achats pour avoir un savon à lessive. « Mais quand est-ce que je la ferai, moi, la lessive ? » demandait l'enfant avec obstination. « Tu ne peux pas faire la lessive, toi », lui répondait sa mère, inflexible, « tu es un garçon. » « Mais, je veux faire la lessive avec du savon », insistait l'enfant, la mère ne lui répondait même plus, jusqu'à ce que le petit garçon aille vers un rayon, prenne un savon et le dépose dans le chariot. La mère, furieuse, le remit sur le rayon et réprimanda sévèrement l'enfant, il se mit alors à pleurer de rage. La mère fut inexorable. Il est sûr qu'après un refus aussi significatif, sans appel, ce petit garçon n'essaiera plus de demander du savon pour laver et orientera ses demandes vers d'autres objets dont il aura appris à reconnaître qu'ils sont permis.

Une jeune femme me racontait qu'elle se souvenait encore très bien d'un sentiment aigu de culpabilité

qu'elle avait éprouvé lorsque, à sept ans, elle avait sur-
pris sa mère se plaignant auprès d'une amie de ce que
sa fille n'aimât pas jouer à la poupée ; à partir de ce
moment-là, elle s'y efforça, désireuse de correspondre à
tout prix à ce que sa mère attendait d'elle, d'avoir son
approbation et de lui plaire, mais elle continua à préférer les jeux mouvementés.

J'ai eu l'occasion d'observer souvent dans les crèches
où on laisse à l'enfant le libre choix de ses jeux, de ses
objets et de ses activités, que les fillettes jouent tout
autant que les garçonnets avec des petites voitures, des
avions, des bateaux, etc. jusqu'à trois ans environ. J'ai
vu des petites filles de dix-huit à vingt mois passer des
heures et des heures à sortir d'un sachet de toile une
quantité de petites voitures, d'avions, d'hélicoptères, de
bateaux, de petits trains, les aligner sur un tapis, et les
déplacer avec le même plaisir et la même concentration
que les petits garçons. De la même manière, on peut
observer des petits garçons qui passent une matinée à
faire la lessive, à nettoyer les petites tables, à cirer les
chaussures.

Plus tard, ce phénomène disparaît. Les enfants ont
déjà appris à demander le « bon » jouet, car ils savent
que le « mauvais » leur sera refusé.

Une institutrice d'école maternelle, particulièrement
sensible à ce genre de problèmes, me disait que lorsqu'elle avait apporté en classe un jeu composé de vis,
de boulons, tournevis, etc., une petite fille toute rose
d'excitation et de joie s'en était emparée, mais, alors
qu'elle se dirigeait vers une petite table avec son trésor
à peine conquis, un petit garçon d'environ quatre ans

s'était précipité sur elle afin de le lui arracher. L'institutrice était intervenue, disant qu'il l'aurait plus tard,
quand la petite fille aurait fini de s'en servir. Le petit
garçon avait réagi en disant : « Mais c'est à moi ! c'est
un jeu de garçon ! ». L'institutrice avait expliqué qu'il
n'y a pas des jeux pour les garçons et des jeux pour les
filles, mais que tous les jeux sont pareils et que tous les
enfants peuvent y jouer. Le petit garçon en était resté
stupéfait, il avait regardé la maîtresse comme si elle
était folle et avait longtemps rôdé autour de la petite
fille avec un air profondément perplexe qui trahissait
l'état d'âme de quelqu'un qui aurait assisté à la viola-
tion d'une loi considérée comme sacrée, et qui ne s'en
remet pas. Il serait de bon augure que de semblables vio-
lations se produisent de plus en plus souvent, qu'elles
soient le fait des parents ou des enseignants. Si l'institutrice n'avait pas expliqué son point de vue, les deux
enfants auraient reçu une confirmation de ce qu'ils
savaient déjà à propos des jouets pour garçons et des
jouets pour filles, et de tout ce que comporte cette discrimination. Mais la petite fille aurait été mortifiée et ren-
voyée à sa condition d'infériorité, tandis que le petit
garçon en aurait tiré la confirmation de sa supériorité.

Les jeux d'enfants et la réalité sociale

Dans les jeux des enfants et dans l'utilisation qu'ils
font des jouets, la reproduction de la réalité sociale
dans laquelle ils vivent est plus évidente que jamais.

Charles Bried rapporte que :

> « Quelques enquêtes américaines ont permis d'établir des listes de jeux classés selon leur ‹ indice de masculinité et de féminité ›. D'un côté, se trouvent les jeux de poupées et les jeux concernant les activités domestiques ; de l'autre, les jeux de construction et ceux qui comportent l'emploi d'outils, c'est-à-dire encore une fois *des activités qui correspondent aux fonctions sociales caractérisant chacun des sexes à l'âge adulte.*[2] »

Ce phénomène est tellement évident qu'on est stupéfait de la façon dont Erikson[3] recourt à l'improbable concept biologique « d'espace intérieur » pour expliquer l'usage différent qu'un groupe mixte d'enfants de dix à douze ans fait de certains jouets choisis au hasard, lorsqu'on les invite à construire, chacun à leur tour, sur une table prévue à cet effet, « des scènes passionnantes tirées d'un film imaginaire ». Erikson avoue qu'au fur et à mesure que le jeu se déroulait sous ses yeux, il se rendait compte qu'il attendait lui-même que les petits garçons construisent un certain type de scènes, et les petites filles un type tout à fait différent, ce qui se vérifia naturellement. Les petites filles construisaient en effet des scènes, d'intérieur familial généralement fermé encerclé par des meubles, alors que les garçons construisaient des scènes d'extérieur avec des gratte-ciels, des tours, des rues et des places envahies par la circulation, et ainsi de suite. Erikson interprète ces réalisations différentes des garçons et des filles sur un mode « génital », c'est-à-dire qu'il voit dans les scènes « fermées » des petites filles un rapport avec les organes « féminins » internes, et dans les scènes « extérieures », ouvertes des petits garçons, un rapport avec leurs organes externes, érectiles, destinés à la pénétration. Il reste à démontrer que les petites filles, même à dix ou douze ans peuvent être conscientes d'avoir un vagin, alors qu'il est évident que les petits garçons connaissent bien leurs organes génitaux et leurs caractéristiques relatives. Il reste également à démontrer que c'est bien cette « notion biologique inconsciente » qui les influence dans leurs réalisations. A un second niveau, Erikson prend également en considération les origines sociales de ces scènes : le garçon agressif, incité à la réalisation, poussé à atteindre dans le monde une position élevée et indépendante, et les petites filles « exprimant que leur intérêt est centré sur le devoir intuitivement perçu, de tenir une maison et d'élever des enfants ». Mais sa thèse principale reste celle du concept « spatial » différent pour les garçons et les filles et dépendant de leur anatomie sexuelle respective. Il n'est même pas frappé par l'épisode de l'enfant noir qui élabore sa mise en scène, tout aussi « masculine », mais sous la table et non dessus. Erikson commente : « Il donne ainsi une éloquente expression de sa soumission souriante : il sait où est sa place ». L'enfant noir sait qu'il est un garçon et en même temps qu'il appartient à sa race : il a recueilli dans sa famille et dans son environnement social un double message, à savoir la réalité de la différence de rôle pour les deux sexes, et cette autre réalité indéniable de l'infériorité et de la subordination de ceux de sa race en face des blancs. Les petites filles, avec leurs représentations répétées d'intérieurs domestiques où se déroulent des scènes familiales habituelles, démontrent qu'elles ont tout aussi bien compris que c'est là « leur place ».

Petites filles et petits garçons (l'enfant noir inclus) ne font rien d'autre que répondre à l'attente des adultes, comme à celle d'Erikson.

Il se peut également qu'à dix ou douze ans, les garçons s'identifient à leur organe génital « érectile et pouvant s'introduire » lorqu'ils construisent des gratte-ciels et des tours en forme de pénis ; il se peut que les filles « sachent » d'une certaine manière qu'elles possèdent un espace intérieur appelé vagin ; mais on peut douter qu'ils soient plus sensibles à ces sensations physiologiques suggestives qu'aux sensations réelles, généralisées, vécues, expérimentées, des différents rôles : activité-extérieur pour les garçons, passivité-intérieur pour les filles.

Les jeux des filles, qui se déroulent dans la clôture des murs domestiques, sont souvent interrompus, différés, ou niés afin qu'elles aident aux tâches ménagères, alors que cela arrive rarement aux garçons, qui ont de ce fait davantage de temps pour jouer. Si les garçons renforcent leur conviction d'avoir droit au jeu, les petites filles se persuadent qu'elles n'y ont droit qu'une fois leur devoir accompli, devoir qui consiste justement à se rendre utiles. C'est généralement à elles qu'on demande, dans les jeux actifs d'avoir un plus grand contrôle d'elles-mêmes, davantage d'ordre et d'attention afin de ne pas déranger les autres.

Il existe, il est vrai, de plus en plus de familles où l'on demande divers services même aux petits garçons, mais, en général, on les sélectionne parmi ceux qu'on considère comme plus adaptés aux garçons, c'est-à-dire susceptibles de ne pas porter atteinte à leur « dignité » ; en outre, on les leur demande moins fréquemment, et si le petit garçon refuse, ce qui arrive souvent, le refus n'est pas doublé d'un sentiment particulier de culpabilité, comme c'est le cas pour la petite fille, à laquelle on répète : « Comment feras-tu plus tard si tu ne deviens pas dès maintenant une bonne petite femme ? ». La phrase correspondante : « Comment feras-tu plus tard, si tu ne deviens pas dès maintenant un bon petit homme ? », a une toute autre signification, si jamais les parents la prononcent : le bon petit homme est celui qui ira hors de la maison et gagnera l'argent pour le bien-être de la famille, et non celui qui aide sa maman à faire la vaisselle ou à débarrasser la table.

Dès que ces services cessent de représenter une activité attrayante pour se changer en devoir ennuyeux, le petit garçon apprend la tactique pour s'en défendre, certain que ce sera impunément. Au fond, les adultes s'émerveillent beaucoup plus quand il accepte de se prêter à une aide domestique que lorsqu'il s'y soustrait.

A un respect plus grand pour le jeu des garçons s'ajoute un plus grand respect de leur oisiveté. Cette oisiveté des petits garçons est très souvent le besoin, qu'ils ont en commun avec l'adulte, de penser à leurs affaires dans une paix royale, de donner libre cours à leur imagination, de rétablir une communication avec eux-mêmes. C'est précisément de ces moments de pause que l'enfant se réveille, rechargé d'une nouvelle énergie, prêt à se jeter tête baissée dans de nouvelles expériences. Le respect de l'adulte pour l'oisiveté enfantine qui n'est d'ailleurs pas de l'oisiveté, reflète parfaitement la considération qu'on accorde aux deux sexes. Le respect pour l'oisiveté des garçons continuera du reste à être bien plus important, même à l'âge adulte. Les moments où l'homme est libéré du travail sont sacrés pour toute la famille : sa femme, qui a pourtant travaillé tout autant, et qui est souvent plus lasse que son mari, se met en quatre pour que le repos de ce dernier soit respecté par les enfants.

Différentes manières de jouer

Les garçons et les filles ne diffèrent pas seulement les uns des autres par le choix des jeux et jouets, mais aussi, comme l'observe C. Bried[4], par ce qu'il appelle le « style ludique ». Une plus grande agressivité, davantage d'efforts musculaires, la recherche intense d'action chez le garçon ; une prépondérance de l'agressivité verbale, mais le calme, la stabilité, « une prédilection pour les rites et le cérémonial qui ne fait que se consolider avec le temps, la soumission docile et presque voluptueuse aux contraintes formelles » chez les filles. Personne ne peut nier que ces différences existent et qu'elles sont très évidentes ; il suffit d'observer des groupes d'enfants qui jouent pour s'en persuader. Mais une fois de plus, on recourt à la condition « biologique », qui n'est en fait pas prouvée, pour expliquer ce qui peut trouver une explication tout aussi plausible dans le milieu social.

La réduction forcée de l'agressivité, opérée chez la petite fille par des moyens diffus, l'oblige à choisir, dans le jeu aussi, des moyens d'expression qui soient acceptés. Le groupe même des petites filles a fonction de contrôle, une petite fille très agressive est mise à l'écart. Nous avons vu comment, dans le jeu aussi, les différences entre garçons et filles sont moins importantes dans les toutes premières années, et comment elles s'accentuent toujours plus avec le temps.

On connaît également les rituels rassurants et répétitifs dans lesquels se réfugient beaucoup de petites filles qui ont été l'objet de fortes répressions à cause de leur vitalité, de leur curiosité et de leur mobilité, jugées excessives. Le cas cité par Odette Brunet et Irène Lézine (voir page 62) est révélateur de la manière dont les petites filles peuvent réagir par un comportement de type phobique aux interventions qui tendent à limiter leur vitalité.

Ne se pourrait-il pas que les jeux rituels, répétitifs, limitatifs des petites filles, dans lesquels leur attention s'arrête à l'acquisition d'une aptitude raffinée mais restreinte, soient de véritables comportements phobiques avec un arrière-plan de rituel obsessionnel ? Qu'ils soient un aspect généralisé de ce perfectionnisme anxieux qui prend la place de l'agressivité réprimée, dont la manifestation est inhibée ?

En ce sens, le saut à la corde est typique, jeu de groupe ou jeu solitaire, où l'on passe de l'opération la plus élémentaire, qui consiste à sauter à pieds joints, aux variations les plus complexes qui supposent une remarquable coordination de mouvements et souvent une véritable virtuosité, puisqu'on en arrive à des combinaisons du type : un saut sur le pied gauche, un saut sur le pied droit, deux sauts à pieds joints en croisant en même temps la corde au-dessus de la tête, comme je l'ai vu faire à une petite fille d'environ huit ans qui, pendant qu'elle sautait, semblait être sous hypnose. Cette façon de sauter à la corde est inconnue des petits garçons qui ne s'y risquent même pas, méprisant ce jeu comme jeu « féminin ».

Un autre jeu ritualisé des petites filles, et ritualisé jusqu'à l'obsession, est celui de la balle au mur. Dans ce cas aussi, les variations sur le geste principal - lancer la balle contre le mur et la rattraper - s'enrichissent d'une façon extraordinaire : on la fait passer sous le genou, on la cueille au vol après une pirouette, on la lance derrière le dos, le tout accompagné d'une comptine. La « marelle* » est un autre jeu, particulier aux petites filles, dont les règles reposent sur la finesse, la précision et la coordination raffinée des mouvements.

Il serait facile d'attribuer à quelque mystérieuse et improbable raison biologique le choix de ce type de jeux de la part des petites filles, si on ne les retrouvait aussi chez les petits garçons qui ont développé une identification féminine plutôt que masculine (étant pourtant, biologiquement, de sexe masculin) et donc, par imitation, des comportements féminins. A l'inverse, chez les petites filles plus vivaces ou simplement laissées plus libres et habituées à jouer dehors, ce type de jeux est très rare : elles ne les pratiquent que si elles

---

* en italien « campana ».

sont avec des enfants du même âge, et probablement parce qu'elles désirent se faire accepter par le groupe ; elles y réussissent moins bien que les autres, alors qu'elles sont très adroites dans « les jeux de garçons » comme, par exemple, grimper aux arbres, sauter des barrières, jouer à la guerre ou aux cow-boys, courir en faisant mine de conduire une automobile, et ainsi de suite.

L'usage généralisé des pantalons, dès le plus jeune âge, et la plus grande liberté de mouvement qu'il permet, a certainement rendu plus accessibles certains jeux « masculins » aux petites filles qui, récemment encore, étaient gênées par les jupes ; cela a d'ailleurs peu modifié le « code » des gestes et attitudes permis et interdits, ceux qui sont définis comme « convenables » et « pas convenables ». Si l'on mettait une jupe, être assise les jambes écartées passait pour être résolument indécent chez une fillette au-dessus d'un certain âge, alors que la même position en pantalons est considérée comme tout à fait acceptable. La « grâce », cette mystérieuse émanation de la féminité « biologique », se révèle fragile, comme tant d'autres conditionnements lorsque viennent soudain à manquer certaines habitudes sociales. Il arrive souvent que l'on voit des jeunes filles habituées à mettre des pantalons se comporter avec la même désinvolture quand elles sont en minijupe.

Mais, même dans l'habillement des petites filles, on fait en sorte qu'elles ne vivent jamais pleinement une situation, sachant bien que c'est leur condition. Elles auront toujours devant les yeux un modèle différent

· auquel elles tentent d'échapper, mais vers lequel elles sont toujours renvoyées dans un état de perpétuelle ambivalence. Ainsi, les petites filles accoutumées à porter des pantalons ont toujours le désir caché de porter une robe à frou-frou et dentelles pour se sentir vraiment « féminines », le vêtement justement qui les obligera à prendre garde à ne pas se froisser, à ne pas se salir, ou à se comporter avec précaution pour s'accorder à leur tenue.

Les jeux de mouvement

Dans les rapports quotidiens entre adultes et enfants, l'injonction « tiens toi tranquille » est l'une des plus fréquentes. Pour l'enfant, elle est certainement tout à fait incompréhensible, car se mouvoir ne dépend pas d'une décision qui lui serait propre, mais d'une impulsion aussi impérieuse que le besoin de manger. Cependant il ne viendrait à l'esprit de personne de lui faire manquer les repas, parce que la corrélation entre la nourriture et son développement physique est évidente : il n'en va pas de même en revanche pour le rapport entre mouvement et développement physique et intellectuel. Les adultes trouvent étrange que l'enfant, pour devenir un sédentaire comme eux tous, doive traverser une longue phase d'agitation. Contraints comme ils le sont à certains rythmes, ils subissent avec ennui la perpétuelle agitation des enfants, ils voudraient que ceux-ci deviennent tout de suite des adultes, qu'ils sautent à pieds joints du berceau à l'âge mûr, c'est-à-dire à l'immobilité maximum. Les parents tolèrent mal les jeux de mouvement, ils ne les comprennent pas et donc enjoignent à l'enfant de « rester tranquille » ou « d'aller jouer plus loin ».

La motricité requiert une série de coordinations neuro-musculaires délicates et une activité cérébrale intense. Plus l'enfant bouge, plus il a l'occasion de faire des expériences sensorielles dans son milieu, plus ses cellules cérébrales et son intelligence se développent. Réduire ses possibilités de mouvement signifie réduire sa curiosité, son champ d'expériences et donc son intelligence. Un enfant qui grandit dans un milieu pauvre en sollicitations et en liberté développe moins son esprit qu'un autre vivant dans un milieu plus enrichissant, plus varié et plus tolérant.

La répression du mouvement chez l'enfant est à interpréter comme un refus de l'accepter tel qu'il est : elle est plus accentuée et constante quand elle pèse sur les petites filles, précisément parce qu'on veut à tout prix qu'elles se conforment au modèle pré-établi. Cela signifie que la curiosité et la possibilité de faire des expériences sont moins satisfaites chez les petites filles, et moins stimulées, cet obstacle les empêche presque totalement d'utiliser les sollications du milieu pour développer leur intelligence créatrice.

Simone de Beauvoir décrit les sentiments des petites filles qu'on empêche de se risquer physiquement à la conquête d'objectifs difficiles. Même si cette description date de plus de vingt ans, elle garde toute sa valeur.

« Elles envient doublement les activités par lesquelles les garçons se singularisent : elles ont un désir spontané d'affirmer leur pouvoir sur le monde et elles protestent contre la situation inférieure à laquelle on les condamne. Elles souffrent entre autres de ce qu'on leur interdise de monter aux arbres, aux échelles, sur les toits. Adler remarque que les notions de haut et de bas ont une grande importance, l'idée d'élévation spatiale impliquant une supériorité spirituelle, comme on voit à travers nombre de mythes héroïques ; atteindre une cîme, un sommet, c'est émerger par-delà le monde donné comme sujet souverain ; c'est entre garçons un prétexte fréquent de défi. La fillette à qui ces exploits sont interdits et qui, assise au pied d'un arbre ou d'un rocher, voit au-dessus d'elle les garçons triomphants, s'éprouve corps et âme comme inférieure. De même, si elle est laissée *en arrière* dans une course ou un concours de saut, si elle est jetée *par terre* dans une bagarre ou simplement tenue à l'écart. » [5]

Qu'est-ce qui empêche les petites filles de se mesurer entre elles, ou avec les garçons, dans ces jeux où la force et l'adresse physique ont une part si importante ? Si réellement leur désir de le faire était si grand, elles se risqueraient dans ces entreprises qui les attirent et dont elles souffrent de se sentir exclues. Le fait est que, en cédant à leur impulsion, elles sentent qu'elles sortent de la norme. Les enfants ne supportent pas de se sentir différents de leurs compagnons du même âge, car la différence porte les autres à les juger « bizarres », à les refuser, à les critiquer. Le conformisme leur est nécessaire puisqu'ils ont besoin de règles et de modèles qui les rassurent.

L'institutrice de l'école maternelle d'une petite bourgade me racontait qu'une de ses élèves de cinq ans était quotidiennement l'objet des attaques de son frère de six ans. La petite fille étant grande et robuste, et donc parfaitement en mesure de lui tenir tête et de le battre, la maîtresse lui suggéra d'essayer de le frapper à son tour, mais la petite fille répondit que sa mère ne voulait pas, « car c'est un garçon, lui, et il n'y a que papa qui peut le toucher ». Même la mère n'osait pas intervenir lorsqu'il s'acharnait sur la petite fille, se bornant à l'aider à s'enfermer dans sa chambre pour se soustraire à la fureur de son frère. La petite fille trouvait cela très naturel, parce que sa mère se laissait battre par son père sans réagir, et qu'elle-même s'était tellement conformée à la manière dont on concevait le rôle féminin dans sa famille et dans le groupe social auquel elle appartenait, qu'elle n'éprouvait même plus une impulsion spontanée à se défendre contre les attaques de son frère.

Une jeune femme me raconta que, lorsqu'elle était petite, elle jouait presque exclusivement avec des garçons de son âge : elle était presque toujours la spectatrice admirative de leurs exploits. Les petits garçons lui manifestaient souvent du mépris pour sa faiblesse, ils lui palpaient les bras pour en conclure que les petites filles ne valent rien parce qu'elles n'ont pas de muscles, et elle était très humiliée de ces comparaisons. Jusqu'au jour où, un des petits garçons lui ayant fait une méchanceté, elle réagit comme une furie en l'attaquant et luttant avec lui sous les yeux du groupe, elle eut le dessus en lui mettant les épaules contre terre. Cette victoire la remplit d'orgueil, mais son triomphe fut de courte durée, car le vaincu, comme tous les autres garçons, au lieu de l'admirer pour sa force physique comme elle s'y attendait, trouvèrent le moyen de l'humilier une fois de plus en lui disant qu'elle n'était pas une fille, mais un garçon, parce que les filles ne se bagarrent pas avec les garçons. Cet épisode la blessa profondément et lui ôta beaucoup de son assurance. A partir de ce moment là, dans ses rapports avec le groupe des petits garçons, elle se posa toujours le problème de son propre comportement : elle voulait qu'on la considère comme une peite fille, et de ce fait, n'engagea plus jamais d'épreuves de force avec eux. Mais la conservation de l'estime de soi, si durement éprouvée, exigeait une revanche qu'elle trouva sur le plan de l'agression verbale. Elle commença à attaquer les garçons par le sarcasme et l'insulte. Elle développa de cette manière une compétitivité non plus fondée sur le jeu et la lutte, mais sur la supériorité intellectuelle, chose qui lui réussit parfaitement car elle était la plus intelligente du groupe, et sa force était telle qu'elle en devint le chef, le « cerveau ». C'était elle qui inventait les jeux, qui les imposait, qui les dirigeait. Toutefois, elle développa avec les garçons des rapports difficiles, qui continuent encore maintenant avec les hommes.

Quand une petite fille vive, créative, pleine d'énergie, se mesure dans les jeux de force avec les garçons, elle éprouve toujours un léger sentiment de malaise et de faute ; elle sait obscurément qu'elle n'est pas approuvée, elle sait qu'elle déçoit l'attente d'autrui, elle a toujours devant les yeux le modèle de la petite fille qu'elle ne parviendra jamais à être. Personne ne se réjouit de sa combattivité, de son courage, de sa loyauté, de son indépendance : on préfère qu'elle soit docile, conformiste, timide et hypocrite, quitte à le lui reprocher par la

suite.
Le développement féminin peut être défini comme
une frustration permanente.

« Il est essentiel que la personnalité sociale de chaque individu
évolue de manière à correspondre à son sexe biologique, c'est-à-
dire que le garçon doit avoir des habitudes de garçon et les filles
des habitudes de fille . La normalisation des sexes tend à préparer
les enfants à leur rôle de futurs parents. Cette normalisation, bien
que biologiquement déterminée de toute évidence, se développe
en fonction des comportements indifférenciés de la prime
enfance. Par exemple, les garçons apprendront qu'ils n'ont pas à
se battre avec leur sœur, mais doivent se battre avec les autres garçons de leur âge s'ils ne veulent pas qu'on les traite de femme-
lettes. Les filles doivent apprendre qu'une jeune fille comme il
faut ne grimpe pas aux arbres, même si les garçons le font ; les garçons doivent comprendre qu'après un certain âge, les hommes ne
jouent pas à la poupée, même s'ils y jouaient avant. Les garçons
doivent apprendre que les larmes ne sont pas une réaction conve-
nable dans une situation conflictuelle, alors qu'on n'insiste guère
pour que les filles renoncent à ce même comportement. Les filles
doivent aussi apprendre à ne pas croiser les jambes en s'asseyant,
alors que de telles précautions ne seront pas nécessaires pour les
garçons. Et cette liste pourrait se prolonger à l'infini ; il suffira
d'avoir évoqué ces modifications progressives dans les comportements imposés afin de réaliser la normalisation des sexes, modifications qui sont à considérer comme des frustrations plus ou
moins grandes. Dans certains cas, chez les adultes, les tendances à
se rebeller contre la répression des formes de comportement origi-
nel restent encore visibles. »[6]

Dollard semble un peu hâtif dans son analyse qui
appelle certaines objections : la normalisation des sexes
n'a pas pour but de préparer les enfants à leur rôle de
futurs parents, mais de préparer les petites filles à leur

rôle d'épouse et de mère, et les petits garçons à leur avenir de détenteurs du pouvoir. La normalisation, biologiquement déterminée, ne l'est qu'en fonction de la procréation ; tout le reste est culturel, jusqu'à preuve du contraire.

Dans le bref répertoire de normes sociales relevées par Dollard, il est clair que la balance de la frustration issue de la contrainte à se conformer au modèle sexuel exigé, penche décidément en défaveur des petites filles. Quelle frustration occasionne, par exemple, pour les garçons, le fait de ne pas se battre avec les filles, au regard de la défense absolue d'en venir aux mains ? Si la frustration, comme le soutient Dollard, engendre l'agressivité, les petites filles, bien plus frustrées que les garçons, devraient en développer davantage. Il en est probablement ainsi, à ceci près qu'un obstacle s'ajoute à l'autre puisque même la libre expression de l'agressivité leur est interdite. Leur condition serait insupportable si elles ne trouvaient pas le moyen de l'exprimer par des formes différentes, telles que l'agressivité dirigée contre soi, l'agressivité verbale (insultes, médisance, commérage), ou encore, les réactions somatiques négatives, inhibitions, stéréotypes (dont font partie également les jeux ritualisés et contraignants que nous avons examinés), perfectionnisme anxieux et ambivalence.

Mais cela ne suffit pas : en échange de la maîtrise d'elles-mêmes, on offre aux petites filles des compensations extrêmement attrayantes en apparence, mais qui se ramènent à de véritables limitations de la réalisation de soi en tant qu'individu : la valorisation de la beauté, le soin attentif et excessif de l'aspect extérieur, l'encouragement au narcissisme, des possibilités accrues de manifester leur propre émotivité, tout cela manque d'authenticité. Toutes les petites filles restent au fond des rebelles impuissantes, contraintes à calculer à chaque moment s'il vaut mieux se livrer à la rébellion ou se soumettre à la dépendance. Celles qui ont plus de vitalité combattent plus longtemps et douloureusement que les autres, mais le dilemne sera le même toute la vie, à chaque occasion de faire un choix, et les maintiendra en permanence dans un état de désengagement et d'attente.

La littérature enfantine

Un groupe de féministes de la cité universitaire de Princeton, New Jersey[7], a analysé pendant un an quinze collections de livres pour enfants et cent quarante quatre livres de lecture adoptés dans les écoles primaires. Leur étude révèle que les petits garçons sont les protagonistes de 881 récits, les petites filles de 344 seulement, que les petits garçons en camping construisent des cabanes sur les arbres, explorent des cavernes, aident papa, alors que les petites filles sourient, jouent avec des poupées et des petits chats et font des gâteaux. Les féministes de Princeton donnent ce résultat dans un essai qui vient juste d'être publié, révélant que « depuis le cours préparatoire, les enfants apprennent que les garçons sont dominateurs et les filles passives ».

Dans les 144 textes de lecture pour les classes primaires, les mères sont à la cuisine : dans la réalité, 40 % des mères américaines travaillent à l'usine ou dans un bureau. »

Les féministes de Princeton se sont jointes à un groupe de femmes de New York pour rédiger un rapport national sur les préjugés sexuels alimentés par les livres à l'usage des enfants, dans lesquels apparaît un schéma commun : les activités passionnantes sont réservées aux petits garçons, alors que les petites filles sont présentées comme des créatures délicieusement incapables, ou comme de nobles subalternes. »

Alix Schulman, femme écrivain new-yorkaise, révèle que l'image la plus fréquente dans les livres pour enfants est celle de la mère-type qui reste dans sa cuisine. Dans le cas où la mère travaille, ses occupations sont tout à fait banales, subordonnées, de peu de valeur, de celles que l'on considère comme traditionnellement féminines : dactylo, femme de chambre, infirmière, institutrice. Un seul livre a pour protagoniste une mère « savant », mais le mari est un super-savant et, même dans ce cas là, le rapport de subordination est respecté.

Le comité féministe aussi, a examiné de son côté mille romans pour enfants, et imprimé un véritable index des « livres interdits » qu'il a distribué aux bibliothèques, aux écoles, aux associations d'enseignants et de parents d'élèves de tous les Etats-Unis. Sur 1 000 livres examinés, 200 seulement ont été gardés, et les 800 autres ont été jugés « irrémédiablement chauvin-mâles ».

Ces initiatives ont eu beaucoup d'écho au congrès suivant de l'Association des auteurs et éditeurs de livres pour enfants. Certains d'entre eux se sont défendus en affirmant qu'ils publiaient davantage de livres pour les garçons, parce que les filles lisent tout, alors que les garçons ne lisent pas le livres destinés aux petites filles. A la suite des initiatives des féministes américaines, plusieurs éditeurs ont mis en chantier des collections consacrées à des femmes plus ou moins connues, et des livres dont les protagonistes sont des personnages féminins.

La revue française «L'école des Parents» a publié une enquête de M. J. de Lauwe : *L'enfant et son image*[8], dans laquelle sont analysés les personnages, enfants et adultes, représentés dans la littérature et les films français pour enfants, et « la perception et l'utilisation de ces images par les enfants à qui elles sont destinées ».

«Idéalisés, ces personnages incarnent les conceptions des adultes, les valeurs propres à la culture à laquelle les enfants s'initient. Imaginaires, ils leur offrent l'occasion de s'évader avec eux, de compenser les contraintes dues à leur entourage et à leur propre personnalité. Appartenant aux mêmes catégories d'âge ils permettent facilement aux enfants de se comparer, voire de s'identifier à eux. Ces personnages sont créés par des adultes en fonction de leurs propres représentations et de leurs conceptions de l'enfance, en fonction de leurs fantasmes à l'égard de l'enfant.»

Parmi les textes examinés, ceux qui sont destinés aux garçons contiennent des personnages exclusivement masculins, ceux qui sont destinés aux petites filles contiennent 57 % de personnages masculins et 43 % de personnages féminins ; dans les textes destinés aux deux sexes, les personnages masculins prédominent largement. Parallèlement, s'opère une réduction des personnages féminins familiers qui accompagnent le héros principal, avec une augmentation du nombre des pères et une diminution de celui des mères.

« C'est le malaise de la société à l'égard de la femme qui se traduit dans ces écrits. Les petites filles se trouvent confrontées à une représentation du monde dont les femmes sont presque exclues. » Les quelques personnages féminins constituent presque tous des figures de second plan, de pures et simples figurantes qui n'ont aucun poids, faites exclusivement pour servir. Même quand des groupes d'enfants sont présentés, ils reposent sur une structure autoritaire, et le chef est toujours un garçon, jamais une fille. La relation mère-fille est rare, la relation mère-fils presque absente. Auprès des protagonistes des deux sexes apparaît plus souvent un oncle qui fréquemment assume un rôle important dans le récit.

« Cet ensemble de faits traduit le flottement des images de la femme dans notre société et peut expliquer, au moins en partie, la difficulté des filles à s'identifier ou à accepter leur sexe. En effet, diverses études sur ce sujet ont montré que bien des filles auraient mieux aimé être garçon alors que l'inverse est exceptionnel. »

L'ambivalence des petites filles à l'égard de leur sexe est confirmée par le choix qu'elles font du personnage préféré : 45 % des petites filles choisissent en effet un homme comme personnage à admirer et auquel s'identifier, tandis que seulement 15 % des petits garçons admirent des personnages de fillettes. Quand dans l'enquête on demande ensuite aux enfants des deux sexes s'ils désirent devenir un personnage masculin précis, 95 % des garçons répondent affirmativement, un tiers des petites filles aussi. Les auteurs de livres pour enfants se contentent seulement de leur offrir les modèles auxquels la famille et le milieu social accordent déjà la priorité. La littérature enfantine a donc exclusivement pour fonction de confirmer les modèles déjà intériorisés par les enfants. La transmission des valeurs culturelles s'orchestre à l'unisson sans dissonances.

Un auteur de textes de théâtre pour enfants me rapportait que, s'étant risqué à écrire un texte qui avait pour protagoniste une petite fille, qui échappait à la tradition, une enfant volontaire, courageuse, un « chef », il avait rencontré un certain nombre de difficultés pour lui trouver un langage et des actions adéquates ; le texte s'en était trouvé contradictoire, peu vraisemblable et peu représentable, et à son avis, cela signifiait que pour un homme surtout, un gros effort est nécessaire pour oublier la réalité sociale dont on est traversé et pour inventer de nouvelles valeurs. D'autant plus qu'en ce cas, il se limitait à donner à un personnage féminin des attributs considérés comme masculins.

Non seulement les auteurs de livres pour enfants ne font pas l'effort d'inventer de nouvelles valeurs, mais en plus, ils proposent des modèles tout à fait dépassés par la réalité sociale du moment.

Dans la même revue française « L'Ecole des Parents »[9] est parue une enquête de Michèle de Wilde, où l'on compare les stéréotypes féminins français et américains ; à propos de la littérature enfantine, l'auteur rapporte qu'aux Etats-Unis, un catalogue récent de livres pour enfants, utilisé par un millier d'enseignants, présente deux listes de titres : l'une pour les petits garçons, et l'autre pour les petites filles. Le vocabulaire qui accompagne ces titres est riche de significations : les garçons « déchiffrent et decouvrent », « apprennent et s'entraînent », ou « sont victorieux » de quelqu'un ou de quelque chose. Les petites filles « luttent », « surmontent les difficultés », « se sentent perdues », « aident à résoudre ». L'une même « apprend à affronter le monde réel » ou réalise « une adaptation difficile ». Les textes utilisés pour apprendre à lire offrent aux enfants l'image d'une famille américaine type : une mère qui ne travaille pas, un père qui travaille, deux enfants dont l'aîné est toujours un garçon, et deux animaux, chiens ou chats, du même âge ou du même sexe que ceux des enfants. Dans ces manuels, les garçons construisent des cabanes, escaladent des palissades, et ainsi de suite, tandis que les petites filles vont faire les commissions, aident leur mère à faire la cuisine, jouent à la dame ou à la poupée, font le ménage de leur chambre ou réparent les bêtises des autres. Dans les passages qui les concernent, on illustre souvent leur incapacité, qu'il s'agisse de faire du patin ou de monter un poney.

C'est un fait que beaucoup de petites filles d'aujourd'hui savent très bien patiner ou monter un poney, mais il n'est question que de celles qui ne savent pas le faire. En dépit des exemples réels qui contredisent ces modèles, on continue à proposer des images de petites filles fragiles et incapables. Les adultes ne réussissent pas à abandonner le mythe de l'éternel féminin. Complètement fermés à la manière d'être des enfants, qui s'est heureusement modifiée entre temps, même si elle reste très en deçà de ce qu'il faudrait, les auteurs continuent à proposer des images idéalisées et nostalgiques d'une enfance hypothétique. L'extension de ce phénomène est telle que l'opération pourrait sembler programmée. La littérature enfantine, en raison de l'obstination des auteurs, est bien la dernière à pouvoir assumer une fonction de rupture par rapport aux schémas conventionnels et proposer des valeurs nouvelles plus riches et plus variées. Les petites filles qui, tout en étant extrêmement adroites dans les activités sportives, se voient toujours proposer dans la littérature enfantine des modèles idéalisés de fragilité et d'inaptitude, ne peuvent éviter d'éprouver le malaise ou l'inquiétude de ceux qui ne savent pas à quel modèle se conformer.

Même en Italie, la littérature pour enfants et les livres de lecture à l'usage des écoles primaires commencent à être analysés et critiqués dans leur contenu anachronique, anti-historique, et discriminatoire à l'égard des deux sexes. Mais la sensibilisation à ce problème se limite aux groupes féministes et à quelques publicistes et journalistes, alors que ceux qui s'occupent de l'éducation des enfants, parents y compris, ne voient pas du tout le problème.

Le quotidien « Il Giorno »[10] a publié une enquête sur des livres de lecture utilisés dans nos écoles primaires, et qui concerne la manière dont on y représente la figure féminine ou masculine. L'article était situé dans la page « Femmes » : ce qui excluait que les hommes y réfléchissent, puisqu'il est bien connu qu'ils trouvent dégradant de parcourir la page « Femmes ». Dans les livres de lecture examinés, la famille type obéit à certains schémas : père, mère, deux enfants dont l'aîné est toujours un garçon. Rien de différent de ce qui se passe aux Etats-Unis. Lorsqu'ils sont tous réunis à la maison, le père lit le journal avec une totale indifférence envers sa femme et ses enfants, la mère coud, solitaire, puisque l'oisiveté et la lecture ne lui sont évidemment pas permises, le petit garçon armé d'un tournevis monte ou démonte son meccano, et la petite fille, vêtue d'une classique robe à fleurs, joue avec une poupée aussi triste et morose qu'elle-même. Ou bien la mère s'occupe du dernier-né, un garçon en l'occurence, tandis que la petite fille la regarde admirative, et manifestement désireuse de l'imiter. Elle s'applique avec tant d'attention à donner à manger à ses poupées et s'occupe d'elles avec un si grand soin qu'il est probable que bien vite le petit frère lui sera confié à tous ses moments libres en dehors des heures de classe et des devoirs. Pas une seule des mères ne travaille hors de la maison, ne s'accorde un repos mérité, ne se distrait de quelque manière que ce soit de son côté : si elle est à l'écart, assise dans un fauteuil, on peut être sûr qu'elle tricote ou brode tandis que sa petite fille, sage et avisée, la regarde et apprend. Si deux enfants jouent, le garçon est étendu par terre, ses chaussures traînant çà et là, les manches retroussées, un béret crânement posé sur la tête, tout à fait à son aise entre ses constructions, un ballon, un gros camion ; la petite fille ne participe pas à ces jeux passionnants, elle se tient sagement à l'écart, bien peignée, irréprochable, avec son éternelle poupée dans les bras. De toute évidence, elle médite sur son avenir d'épouse et de mère. La maman à la maison fait tout par amour, un doux sourire aux lèvres, ce qui laisse supposer que cela ne lui coûte aucun effort : il est vrai que, une fois l'homme rentré du travail, il se repose dans un fauteuil et elle n'a pas davantage de répit. Elle fait tout gratuitement, « elle réussit à faire toute seule ce qui est fait ailleurs par plusieurs personnes », chose que le système approuve foncièrement, tout en se gardant bien de le reconnaître ouvertement, de crainte qu'elle ne prenne conscience de sa propre exploitation. Enfin, il semble juste qu'elle soit ainsi exploitée, car simple d'esprit comme on la définit, elle ne sait certainement rien faire d'autre. Le papa est au contraire représenté de façon tout à fait différente : il pourvoit à la subsistance de la famille, et en plus, il en est le guide moral et intellectuel. Il enseigne des vertus rares, ne pas se plaindre, ne pas pleurer, se taire, mépriser la douleur ; et ce qui n'est qu'inhibition et dureté passe pour une noble fierté. Ce qu'il enseigne servira toujours dans la vie, mais ses leçons sont strictement réservées aux garçons de la maison ; les petites filles en sont exclues ; elles n'ont qu'à rester ignorantes, ou se contenter des leçons de leur mère. C'est à elles en revanche qu'est accordé le privilège d'apporter au père ses pantoufles et son journal, lorsqu'il rentre fatigué de son travail.

Une enquête menée par Marisa Bonazzi[11] sur les

livres de lecture en usage dans les écoles primaires, fait ressortir le tableau saisissant de ce que l'on propose aux enfants comme prototype de la vie familiale. La mère est une figure muette et infatigable, docilement au service de son mari et de ses enfants. La coopération n'existe pas. Dans un passage de ce livre (page 69), le père est défini comme « le chef de la tribu » (un mot qui plaît tant à la maman) : « c'est lui qui va à la mairie pour les formalités, à la mutuelle pour les soins médicaux, qui paie la note chez l'épicier, et quand il est dans l'équipe de nuit (il travaille dans une usine d'automobiles) il passe toute la matinée à faire le marché ». En face de cette efficacité que rien ne freine, il y a la grand-mère qui tricote et la mère dont on ne mentionne pas l'activité. L'intérêt du père est centré sur le dernier enfant, un garçon bien sûr : « il le regarde des heures durant, le prend dans ses bras, le serre contre lui ».

Dans un petit poème, on se réjouit, comme si c'était une chose poétique, du fait que l'eau manque dans la maison du paysan. On est obligé d'aller la chercher au puits, et l'épouse n'a pas le temps de s'attarder devant le miroir parce qu'elle est évidemment harassée de fatigue.

Un passage fait l'éloge des mains de la maman qui sont « utiles et humbles, amoureuses et infatigables. Elles sont utiles car elles accomplissent bien des travaux ; humbles, car elles ne refusent jamais de rendre le moindre service, infatigables parce que toujours actives ». Description de la parfaite esclave d'un paysan médiéval.

Dans les livres de lecture pour les classes primaires, la femme qui travaille hors de la maison, qui jouit d'un prestige et a des responsabilités, est totalement inconnue, et l'on décrit exclusivement une femme-mère masochiste qui fait tout par amour et répond aux grossièretés et aux insultes par un doux sourire.

Quelques exemples significatifs

Si l'on se met à la recherche - bien vaine - de livres qui proposent des personnages nouveaux, qu'ils soient masculins ou féminins dans le champ de la littérature enfantine contemporaine, on se heurte à des ouvrages qui laissent stupéfait. Deux livres récents, publiés par un éditeur spécialisé dans les textes de psychologie, pédagogie, didactique, appartiennent à ce genre de production. On pourrait s'attendre à un choix plus éclairé en ce qui concerne les textes pour les enfants. Cela vaut la peine de les analyser.[12]

Dans le premier des deux livres, *La mia famiglia* («Ma famille»), deux enfants sont mis en scène, Paolo Doni et Lucia Monti, qui à la fin se marieront, auront deux jumeaux, Sergio et Luisa, qui seront à leur tour les protagonistes du deuxième volume, *Io* («Moi»)... L'enfance et l'adolescence de Paolo se déroulent de la façon suivante : il joue aux petites voitures, à la mer avec de petits seaux et de petites pelles, «il a beaucoup étudié à l'école», «il a appris un métier», «il rencontre des amis».

Voilà au contraire comment Lucia a passé son enfance et son adolescence : elle mange une banane, elle joue avec son papa, avec des poupées et des animaux, elle va à l'école, pas toute seule naturellement, mais « avec son frère et une amie », elle a eu une petite sœur et « sait déjà s'en occuper », « elle aime beaucoup se faire belle (et de fait on la voit devant un miroir occupée à se maquiller), elle va en excursion avec des amis ».

Comment se rencontrent-ils ? « Paolo connaissait beaucoup de jeunes filles (c'est permis à un garçon), mais il pensait : celle que je préfère, je crois que c'est Lucia ». Il n'est pas fait mention de son avis à elle, on lui concède seulement le privilège d'être choisie, évidemment. A aucun moment, il n'est dit que « Lucia connaissait aussi beaucoup de garçons », car il est prévu qu'elle n'en connaisse qu'un seul : celui qu'elle doit épouser : « Paolo et Lucia se sont souvent rencontrés. Paolo s'est dit : c'est vraiment Lucia que je préfère, je l'aime ». Ecoutons un peu pourquoi il l'aime : « Lucia sourit souvent, c'est une bonne ménagère, Lucia a un caractère doux ». Que les petites filles se le disent : elles ne seront pas aimées pour leur vivacité, ou même en dépit d'un côté voyou, exubérant, passionné, mais seulement si elles sont de suaves nullités. Lucia, comme nous l'avons vu, ne semble pas s'être posée de problèmes : elle a été choisie et acceptée sans conflit. Lucia s'est dit : « J'aime beaucoup Paolo. Paolo a un bon métier, Paolo est gentil, Paolo sait me comprendre ». Elle aussi a fait un bon petit calcul, de passion dans cette histoire il n'en est guère question. Ils se fiancent, ils se préparent au mariage, ils se marient, et tout cela selon les règles. Après le mariage, « chaque jour Paolo va travailler, Lucia reste à la maison », et là, un astérisque opportun renvoie en bas de page où le psychologue Hubbard, il est bien bon, a placé une note : « On pourra expliquer bien sûr que peu d'épouses travaillent ».

Deux jumeaux naissent, Sergio et Luisa, les protagonistes du second volume : *Io...* Déjà grande, Luisa vérifie sur sa poupée l'endroit où sortent les enfants. Sergio pense déjà que c'est probablement une affaire de femmes. Tandis que le père lit un livre à Sergio, la mère apprend à Luisa à laver la vaisselle, ainsi l'un s'instruit et l'autre reste ignorante.

Quand survient la nouvelle que bientôt naîtra un petit frère, chacun des deux voit son monde menacé, mais chacun à sa manière : Luisa se préoccupe de savoir si sa maman continuera à bien l'aimer, alors que Sergio se demande si son papa aura encore du temps pour lui lire des livres.

Le petit frère est né, c'est Luisa évidemment qui le tient dans ses bras, il est évident que c'est elle aussi qui offre les gâteaux aux invités à l'occasion du baptême, alors que Sergio s'en moque : c'est au chien qu'il offre un biscuit.

Comme si cette galerie de portraits conventionnels et cette série de situations grossièrement caricaturales ne suffisaient pas, on fait intervenir la tante Elena qui « aurait bien voulu se marier, mais n'a pas trouvé d'homme qui lui plaise vraiment ». Puisqu'elle ne s'est pas mariée, on ne suppose pas pour autant qu'elle soit une femme exerçant une profession particulièrement libre et indépendante, mais on dit qu'elle est maîtresse d'école, profession exclusivement féminine, et qu'elle a naturellement beaucoup de temps à consacrer aux autres.

Le second volume, *Io...*, propose aux enfants une série de réflexions sur eux-mêmes, sur leur corps, sur leurs relations avec les autres. Les personnages, Sergio et Luisa sont toujours habillés, elle en rose, lui en bleu ciel. « Tu es la maman », dit-on à la deuxième page, « tu prépares à manger, tu fais tant d'autres choses (elle est chargée de paniers pour aller aux commissions), tu prends soin de moi (elle couche l'enfant), tu parles avec papa. » Dans cette illustration éloquente, le papa est assis dans un fauteuil, jambes croisées, les pieds dans ses pantoufles, avec un journal et une pipe, et il semble prêter une attention condescendante à la mère qui, au contraire, est debout devant lui, l'air timide et hésitant.

Le concept suivant est : « Je suis un enfant » et l'on voit les deux enfants jouer à la balle ensemble ; mais dans l'image suivante, leurs destins se séparent profondément car la petite fille dit : « moi, j'essuie les assiettes », et le petit garçon, assis à sa petite table avec des livres et des cahiers, dit : « moi, j'apprends ». Le message est clair : les petites filles travaillent, les garçons étudient.

« Sergio est un garçon » proclame-t-on à la page suivante ; en conséquence, il a un pistolet en main et près de lui d'autres emblèmes de son sexe : un ballon, un camion, une bicyclette. « Lorsqu'il sera grand, il deviendra un monsieur, un monsieur peut devenir papa », et l'on voit le père qui montre à Sergio un établi chargé d'outils de menuiserie, symbole de sa future vie professionnelle.

Il est établi à la page suivante que « Luisa est une petite fille » : en effet, elle tient une poupée à la main, près d'une petite robe rose suspendue sur un cintre, une autre poupée est assise devant une petite table où le couvert est mis, à côté il y a une balance avec des cerises, ce qui résume la condition d'une petite fille encore maintenant. « Lorsqu'elle sera grande, elle sera une dame, une dame peut avoir des enfants ». Et on la voit en effet pousser un landau avec une petite fille dedans, et tenant à la main un petit garçon. Silence total est fait sur sa future profession. Dans tout le livre, quand d'autres enfants sont présentés, l'aîné est toujours un garçon.

« Pour grandir », poursuit le texte, « j'ai besoin de bouger, de respirer, de penser, de dormir. J'ai aussi besoin d'apprendre » (et effectivement, on voit le petit garçon assis à une table occupé à exercer son intelligence avec des jeux de construction). « J'ai aussi besoin d'aider à la maison », et dans cette scène, on voit la petite fille qui, pourvue d'un tablier, attribut du service domestique, ramasse les balayures, munie d'une pelle et d'un balai. On en déduit que les processus biologiques de la croissance sont tout à fait différents pour les deux sexes, puisque le garçon a besoin de s'ouvrir l'esprit par l'étude, et que la fille doit apprendre à balayer, et rester la plus ignorante possible.

« Pour grandir », poursuit le livre, « Sergio et Luisa ont aussi besoin de jouer » (et là, par bonheur, ils jouent tous les deux, mais elle, avec l'éternelle poupée, lui avec un camion) ; « de dormir », et là on voit le rose et le bleu ciel de leurs vêtements s'étendre au pyjama, à la couverture du lit, aux petites pantoufles, mais Sergio dort avec un gros ballon de couleur auprès de son lit, symbole de ses jeux dynamiques, et Luisa a substitué à la poupée, qui semble être le seul jouet dont elle dispose, un ours en peluche.

Toujours pour grandir « j'ai besoin d'être aimé, d'aimer », et là le message se fait plus subtil. Qui doit aimer, et qui se laisser aimer ? Le petit garçon va sur sa trottinette, très sérieux, presque renfrogné, la petite fille, avec un sourire mélancolique, le salue et le regarde passer, car c'est manifestement elle qui aime et qui attend. Dans tout le livre, les hommes ont très rarement le sourire, les femmes toujours.

Outre le besoin d'aimer, on a besoin pour grandir de « parler avec les autres », mais en ce cas ce sont deux garçons qui parlent ensemble. En effet le besoin de communiquer est un besoin masculin, les femmes ne font que bavarder. De toute manière, que pourraient bien se dire un garçon et une fille, puisque lui il lit, étudie, joue avec des objets plus variés, part de son côté, tandis qu'elle ne lit pas, n'étudie pas, ne joue qu'avec sa poupée, reste à la maison, et ne sait qu'essuyer des assiettes ?

On a besoin également « de voir de belles choses », et là toute la famille se trouve devant la cheminée où le feu est allumé ; mais tandis que le père est assis et fume la pipe, la mère tricote car il n'est bien sûr pas prévu qu'elle aussi puisse rester assise à ne rien faire. L'attitude des parents est fidèlement répétée par les deux enfants : le petit garçon est à demi allongé par terre, en contemplation devant le feu, alors que la petite fille attise les braises. Il faut également « faire de belles choses » : le garçon fait de la peinture, la petite fille brode. « J'ai besoin d'être fier de ce que je fais » : la fillette fait du repassage, le garçonnet fait du jardinage. Une action qu'on présente comme difficile, impliquant effort et habileté, celle par exemple d'essayer de fermer une boîte, est l'affaire exclusive du père et du fils : les femmes en sont évidemment jugées incapables.

La série des messages se conclut ainsi : « Parfois je suis content », et l'on voit le garçon avec un gros gâteau ; « fier », et là on peut voir la petite fille avec une pile de serviettes bien pliées sur les bras ; « parfois je boude », et c'est naturellement le garçon qui boude, la fille est toujours souriante ; « ...parfois j'ai peur », et là naturellement c'est la fille qui a peur, selon les conventions ; « ...je suis émerveillé », et c'est le garçon qui est enchanté d'un poisson rouge dans un bassin. Evidemment, certaines émotions intellectuelles ou esthétiques ne sont pas accordées aux petites filles.

Dans la collection « Prime avventure » (Premières aventures) de l'éditeur Mondadori, le livre *Prime avventure nel mondo delle parole* (« Premières aventures dans le monde des mots ») de A. Holl laisse transparaître le sexisme masculin des textes précédents, bien que de manière plus diffuse. On peut lire à la page 32 : « En rentrant à la maison, nous avons vu des gens occupés à des activités variées : des hommes qui construisaient un échafaudage, des enfants qui jouaient, un paysan qui travaillait aux champs, une dame qui se promenait ». Qu'auraient-elles donc d'autre à faire, les dames, sinon à se promener ? Leur travail hors de la maison semble inexistant. A la page 37 : « Tu peux accomplir de nombreuses actions que les animaux ne peuvent exécuter. Tu peux t'habiller », et l'on voit un garçon s'habiller, « Tu peux aider ta maman », et c'est une petite fille qui le fait à coup sûr, mais, à « tu peux peindre » c'est de nouveau un garçon qui peint. A la page 48 : « Les mots aident maman dans son travail », et maman est représentée dans sa cuisine, en train de consulter un livre de recettes. Mais ces mêmes mots « servent à papa à connaître les dernières nouvelles », et le voilà en train de lire le journal de façon à ce que les petits garçons apprennent que les femmes sont à moitié analphabètes, et n'ont d'intérêt à lire que si ça leur permet de déchiffrer des recettes de cuisine, alors que les hommes, ayant davantage d'intérêts, s'informent sur le monde à travers les mots.

Dans un autre volume de cette collection, *Prime avventure nel mondo delle forme e dei segni* (« Premières aventures dans le monde des formes et des signes ») de Thoburn et Reit, toute une page montre de nombreux garçons qui jouent dans un parc, alors que les petites filles sont en contemplation. Un garçon est monté sur un arbre, une petite fille le regarde d'en bas, remplie d'admiration ; au pied d'un autre arbre, un petit garçon est en train de lire, et il a en face de lui une autre gentille petite contemplatrice ; un autre achète un ballon et traîne également à sa suite une petite admiratrice.

Dans le volume suivant, *Prime avventure nel mondo delle riflessioni* (« Premières aventures dans le monde des raisonnements ») de Holl, deux garçons construisent avec leur père une cabane sur un arbre, mais il n'y a pas trace de petites filles. Sur une autre page, les hommes font la cueillette des pommes, et les petites filles, selon les meilleures traditions, cueillent des fleurs. Un petit garçon rêve d'être mécanicien, pompier, pirate, astronaute, cow-boy, indien, footballeur, mais il n'y a pas de rêves équivalents pour les petites filles. Il est implicite que les petites filles ne font pas de rêves sur leur avenir ; quand on leur en accorde, ce sont des rêves d'amour, de maternité, de maisons à tenir.

Les rêves d'avenir qu'on autorise aux petites filles sont illustrés dans un petit livre publié aux Etats-Unis[13] . Il vaut la peine qu'on reproduise ici un fragment du texte, le message transparent qu'il contient donne à réfléchir.

« Siffle, Mary, siffle », suggère une mère, l'index pointé, « et tu auras une vache. »

« Je ne sais pas siffler, maman », répond Mary, « je ne sais pas comment on fait. »

« Siffle, Mary, siffle, et tu auras un cochon. »

« Je ne sais pas siffler, maman, je ne suis pas assez grande ».

« Siffle, Mary, siffle, et tu auras un mouton. »

« Je ne sais pas siffler, maman, je dors. »

« Siffle, Mary, siffle, et tu auras une truite. »

« Je ne sais pas siffler, maman, j'ai perdu une dent. »

« Siffle, Mary, siffle, et tu auras une chèvre. »

« Je ne sais pas siffler, maman, j'ai mal à la gorge. »

« Siffle, Mary, siffle, et tu auras un gâteau. »

« Je ne sais pas siffler, maman, j'ai la bouche sèche. »

« Siffle, Mary, siffle, et tu auras la lune. »
« Je ne sais pas siffler, maman, je chante faux. »
« Siffle, Mary, siffle, et tu auras un jeune homme. »
« Oui, maintenant, je sais siffler ! »

Les buts que doivent viser les petites filles comme Mary sont explicites : ce ne sont pas les sollicitations du monde, symbolisées par les animaux, les gâteaux et la lune ; elles réservent leur énergie pour le moment où cela en vaudra la peine, autrement dit pour conquérir un homme.

Entre Mary qui se refuse à siffler et toutes les images de la Belle au Bois Dormant, de Blanche-neige, de Cendrillon, etc., il n'y a guère de différence. Les modes changent (pas tellement en fait) mais les figures féminines sont toujours passives, incapables, sans but et sans idéaux, hormis la conquête d'un homme qui « les rendra heureuses pour toute la vie ».

Quand, dans la littérature enfantine, on représente une femme qui n'est pas totalement passive et incapable, on bouleverse le personnage jusqu'à en faire une sorcière. C'est le cas de *La tarantella di Pulcinella** (« La tarentelle de Pulcinella »[14]) qui donne la version napolitaine de la fable russe très connue du petit poisson d'or. Il s'agit d'une histoire franchement misogyne : Pulcinella vivait avec sa femme, cinq enfants et un chat à sa charge « dans une cabane - sans porte et sans toit - et la paille lui tenait lieu de lit - sur ce lit, ils dormaient à huit - cinq enfants, sa femme et son chat »,

*Personnage de la comedia dell'arte, différent du Polichinelle, plus proche de Pierrot et d'Arlequin.

mais, malgré ces dramatiques conditions de misère, Pulcinella se contentait de pêcher, sans aucun résultat, il conservait néanmoins toute sa bonne humeur : « trois jours déjà que nous n'avons pas mangé - et mon mari se met à danser » et face à cette folle gaieté, « la femme, seule, est remplie de colère - elle a l'air d'une bête en cage. »

Pulcinella, aiguillonné par sa femme, retourne pêcher et tombe sur le poisson d'argent, qui en échange de sa liberté, lui offre d'exaucer chacun de ses désirs. Pulcinella n'est même pas capable de profiter de l'occasion pour résoudre sa dramatique situation familiale, et se limite à demander au poisson d'énormes quantités de spaghettis, sans voir plus loin que le bout de son nez. Tous apaisent leur faim, et finalement, après s'être empiffrés, ils chantent en chœur. Sauf la femme qui dit : « Chantez, mes amis, mais qui va penser au lendemain ? », préoccupée à juste titre, angoissée par la misère chronique et le poids de ses cinq enfants et de son mari irresponsable. C'est elle qui demande au poisson, par l'entremise de Pulcinella, une vraie maison qui contienne vraiment sept lits. Tout le monde est heureux de dormir enfin chacun dans son lit, mais qui résisterait à la tentation de demander le plus possible au poisson magique ? La pauvre femme, aigrie par ses souffrances passées, est décidée à obtenir d'un seul coup tout ce qu'elle n'a jamais eu, elle ne connaît plus de limites : elle veut deux domestiques, un salon baroque, la radio, la télévision, une villa au bord de la mer, une fourrure pour elle et des vêtements pour ses enfants, puis exagère franchement et l'escalade au bien-être se poursuit, jusqu'à demander au poisson une absurde couronne de reine, et le trône pour Pulcinella. Dans un véritable délire, la femme finit pas exiger le poisson d'argent bouilli et assaisonné, si bien que tout s'écroule et que la famille se retrouve dans sa misérable cabane.

Ugo d'Ascia[15] observe avec finesse, à propos des personnages négatifs des légendes : « derrière les "perfides" marâtres, sorcières, ogresses, dont les légendes sont riches, il y a toujours un homme faible qui se décharge sur la femme des devoirs et des décisions les plus ingrates. »

Les vieilles légendes

Si l'on compare les images féminines de la littérature enfantine contemporaine avec celles des légendes traditionnelles, on s'aperçoit que bien peu de choses ont changé. Les vieilles légendes nous offrent des femmes douces, passives, muettes, seulement préoccupées par leur beauté, vraiment incapables et bonnes à rien. En revanche, les figures masculines sont actives, fortes, courageuses, loyales, intelligentes. Aujourd'hui, on ne raconte presque plus de légendes aux enfants, elles sont remplacées par la télévision et les histoires inventées à leur intention, mais certaines parmi les plus connues ont survécu et sont connues de tout le monde.

Le petit chaperon rouge est l'histoire d'une fillette à la limite de la débilité mentale, qui est envoyée par une mère irresponsable à travers des bois profonds infestés de loups pour apporter à sa grand-mère malade de petits paniers bourrés de galettes. Avec de telles déterminations, sa fin ne surprend guère. Mais tant d'étourderie,qu'on n'aurait jamais pu attribuer à un garçon, repose entièrement sur la certitude qu'il y a toujours à l'endroit et au moment voulu un chasseur courageux et efficace prêt à sauver du loup la grand-mère et la petite fille.

Blanche-Neige est une autre petite oie blanche qui accepte la première pomme venue, alors qu'on l'avait sévèrement mise en garde de ne se fier à personne. Lorsque les sept nains acceptent de lui donner l'hospitalité, les rôles se remettent en place : eux iront travailler, et elle tiendra pour eux la maison, reprisera, balaiera, cuisinera en attendant leur retour. Elle aussi vit comme l'autruche, la tête dans le sable, la seule qualité qu'on lui reconnaisse est la beauté, mais puisque ce caractère est un don de la nature, et non un effet de la volonté individuelle, il ne lui fait pas tellement honneur. Elle réussit toujours à se mettre dans des situations impossibles, et pour l'en tirer, comme toujours, il faut l'intervention d'un homme, le Prince Charmant* qui l'épousera, fatalement.

Cendrillon est le prototype des vertus domestiques, de l'humilité, de la patience, de la servilité, du « sous-développement de la conscience »[16] , elle n'est pas très différente des types féminins décrits dans les livres de lecture aujourd'hui en usage dans les classes primaires

---

* Principe Azzurro

et dans la littérature enfantine en général. Elle non plus ne bouge pas le petit doigt pour sortir d'une situation intolérable, elle ravale les humiliations et les vexations, elle est sans dignité ni courage. Elle aussi accepte que ce soit un homme qui la sauve, c'est son unique recours, mais rien ne dit que ce dernier la traitera mieux qu'elle ne l'était jusqu'alors.

Peau d'Ane rivalise de soumission avec Cendrillon. Griselidis, la bergère, accepte d'être sadiquement tourmentée par le prince qui l'a épousée pour avoir trouvé en elle la femme idéale : subir sans se rebeller toutes les vexations fait partie de ces vertus féminines qu'on exalte. Cet idéal féminin a survécu, puisque dans les livres de lecture pour enfants, on représente toujours la mère comme une créature mélancolique et servile, qui ne cesse de sourire, même sous l'insulte.

Les personnages féminins des légendes appartiennent à deux catégories fondamentales : les bonnes et incapables, et les malveillantes. « On a calculé que dans les contes de Grimm, 80 % des personnages négatifs sont des femmes ».[17]

Pour autant qu'on prenne la peine de le chercher, il n'existe pas de personnage féminin intelligent, courageux, actif et loyal. Même les bonnes fées n'ont pas recours à leurs ressources personnelles, mais à un pouvoir magique qui leur a été conféré et qui est positif sans raison logique, de même qu'il est malfaisant chez les sorcières. Un personnage féminin doué de qualités humaines altruistes, qui choisit son comportement courageusement et en toute lucidité, n'existe pas.

La force émotive avec laquelle les enfants s'identifient à ces personnages confère à ces derniers un grand pouvoir de suggestion, qui se trouve renforcé par d'innombrables messages sociaux tout à fait cohérents. S'il s'agissait de mythes isolés survivant dans une culture qui s'en détache, leur influence serait négligeable, mais la culture est au contraire imprégnée des mêmes valeurs que ces histoires transmettent, même si ces valeurs sont affaiblies et atténuées.

Dans la mesure où notre analyse ne concerne pas systématiquement la littérature enfantine de notre pays - une analyse aussi particulière demanderait un tout autre espace et une méthode spécifique - ces quelques exemples rapportés sont significatifs et permettent de vérifier l'existence, dans ce même domaine, de très fortes pressions exercées sur les petites filles, ceci pour qu'elles continuent à s'identifier à des modèles désuets de « féminité ».

Ces conclusions ne sauraient être différentes de celles des féministes de Princeton ou des enquêtes françaises. Les quelques textes examinés suffisent à eux seuls à mettre en cause la littérature enfantine, qui est responsable d'un discours discriminatoire, réactionnaire, misogyne et anti-historique d'autant plus grave que de telles escroqueries sont destinées à des enfants qui les assimilent sans aucune possibilité critique. Les modèles proposés par ce genre de littérature, plutôt que d'aider l'enfant à se développer et à organiser sa future société, risquent de le maintenir à un stade infantile. De telles représentations de l'enfance ne sont pas sans conséquences chez les adultes eux-mêmes, parents ou éducateurs. Loin de les inciter à imaginer un nouveau

[15] UGO D'ASCIA, *Onorevolmente cattive,* dans « Noi donne », n° 50, 19 décembre 1971.

[16] ENZO RAVA, *Se il principe non le avesse baciate,* dans « Noi donne », n° 50, 19 décembre 1971.

[17] UGO D'ASCIA, *op. cit.*

chapitre

IV

LES INSTITUTIONS SCOLAIRES :

les écoles maternelle, primaire et secondaire

> « J'ai un zizi pour faire pipi et un endroit
> pour faire caca, toi tu as un endroit
> pour faire caca, et un autre qui ne sert à rien. »
>
> *Refrain chanté par un petit garçon de six ans*
> *à une petite fille de son âge.*

L'école pour les enfants de trois à six ans s'appelle école maternelle. La vieille expression « maternelle » n'a pas été exhumée par hasard, mais après mûres réflexions de la part de ceux qui ont remanié la loi n° 444 du 18 mars 1968 qui instituait la nouvelle école d'Etat pour les enfants d'âge préscolaire. Cette dénomination, préférée à celle d'*école enfantine,*qu'avait suggérée la recherche psycho-pédagogique, est un condensé d'idées obtuses, approximatives, a-scientifiques, rhétoriques et mélodramatiques sur l'enfance. Une vision fausse et édulcorée de la maternité s'ajoute à une vision tout aussi fausse, sentimentale et mièvre, de l'enfant. On continue à considérer l'enfant comme un petit idiot innocent, perpétuellement étonné et stupéfait par ce qui se passe autour de lui. « Il est petit, il ne comprend rien de toute manière ». Spectateur de la vie, on ne lui permettra pas d'en être le protagoniste tant qu'il n'aura pas atteint l'âge adulte.

Mais l'enfant est une personne sérieuse. C'est un étonnant travailleur, acharné, infatigable, attentif, lucide et précis. Dès l'instant où il vient au monde, c'est un explorateur insatiable, téméraire, curieux, qui se sert de ses sens et de son intelligence comme un scientifique, toute son énergie tendue vers la connaissance. Il essaie et essaie à nouveau, échoue et recommence avec une patience infinie, tant qu'il n'atteint pas ce qu'il considère comme la perfection, toujours prêt à s'exposer, à se risquer dans un monde d'adultes fait pour les adultes, alors que ce monde l'entrave au lieu de le favoriser, toujours en butte à la dérision, à la commisération, au paternalisme protecteur ou à l'indifférence, toujours proche du découragement ou de la faillite, toujours conscient de sa propre faiblesse, de son impuissance, toujours aux prises avec des personnes, des objets, des situations difficiles, écrasantes, effrayantes. Il a l'instinct du vagabond curieux de toute chose et désireux de vivre toute expérience dans l'instant même. Il est très fortement attiré par ses semblables et les affronte sans détour, sans feinte ni compromis. Il est irrésistiblement attiré par les autres enfants, et il est prêt à affronter tous les risques, tous les dangers, les plus violents rejets, les heurts les plus cruels, les batailles les plus dures, comme condition pour passer son temps avec eux. Harassantes conquêtes, jamais définitives, toujours précaires. Mais il n'y prête pas attention, il est prêt à recommencer, il s'expose chaque fois avec témérité, affronte les mauvais traitements, les coups, les morsures, les égratignures, avec un courage qui n'appartient qu'à lui et aux gens de son âge, *et qui est identique chez les deux sexes*. Aucun adulte ne serait disposé à tant faire et à tant subir dans le seul but d'établir ou de maintenir des rapports sociaux ; l'enfant, lui, est prêt à tout.

Quelqu'un d'aussi intrépide, qui vit avec une telle intensité, mériterait d'être autonome, encouragé, approuvé, admiré inconditionnellement. On devrait lui donner les moyens et le matériel nécessaires à ses explorations, comme on le fait pour un chercheur, il faudrait aussi le respecter et le laisser en paix. On devrait également lui donner la force de se libérer des liens affectifs familiaux afin qu'il puisse s'ouvrir à des rapports sociaux plus larges ; au lieu de cela, il reste toujours à la merci de ses parents, qui vivent dans la seule crainte de le voir se détacher d'eux. Lorsqu'il commence à se libérer des liens familiaux et surtout de sa mère naturelle, - entreprise extrêmement pénible parce qu'elle le freine, le décourage, le culpabilise - on lui donne une autre mère qui a avec lui un rapport moins affectif, mais elle n'est pas davantage préparée à comprendre à quel travailleur étonnant, génial, entreprenant, elle a affaire. De même que la mère est, par excellence, la dispensatrice d'amour et que sa manière d'aimer est par définition la bonne, car dictée par les liens biologiques qu'elle a avec son enfant (même lorsqu'elle commet de grosses erreurs à ses dépens), les maîtresses d'école maternelle sont conçues comme les continuatrices de ce devoir d'aimer.

C'est ici que triomphe la rhétorique de l'amour maternel, qui, s'il était soumis à une analyse lucide et impitoyable, révélerait à quel point il s'avère répressif, fondé sur un chantage qui paralyse l'enfant. Et quand ce type d'amour aurait été parfait dans la prime enfance, il serait superflu et anachronique d'en faire le modèle d'un rapport idéal entre les enseignantes d'«école maternelle» et les enfants. A trois ans, et même avant, l'enfant a besoin de culture et non pas de liens affectifs étouffants.

La seule personne que l'on juge apte à s'occuper d'enfants de cet âge est la femme, précisément parce qu'elle est une femme, ce qui implique des dons «naturels» de douceur, de patience, de compréhension, de calme, on pense également que sa situation de mère réelle ou potentielle doit lui suggérer «d'instinct» le comportement le mieux adapté à chaque circonstance. Mais sommes-nous certains que ces qualités sont précisément celles qui permettent à cet explorateur extraordinaire qu'est l'enfant de trois ans de maîtriser le monde et de le faire sien ? Sommes-nous sûrs que ces dons puissent stimuler son développement, et ne vont pas plutôt le freiner et le maintenir plus longtemps que prévu dans sa position de dépendance et d'impuissance ? Qui sont-elles, en réalité, ces enseignantes à qui les lois confient les enfants, justement au moment où l'on devrait vivre le plus intensément, à l'âge qui devrait être le plus profitable, le plus fécond, celui auquel les interventions éducatives sont destinées à laisser la trace la plus profonde ?

L'école préparatoire à cette profession est dite « Magistrale », elle fait suite aux classes secondaires et dure trois ans. Le cours des études est considéré comme très facile et accessible aux personnes même les plus incultes ; de fait, la plupart des diplômées le sont de manière outrancière. Exceptés quelques rares cas, le monopole de « la scuola magistrale » appartient aux institutions religieuses. Mais très nombreuses sont les diplômées de ces quatre dernières années qui sortent de cours privés dérisoires : le cycle d'études dure trois mois au plus et autorise les élèves, âgées de vingt et un an révolus, à se présenter aux derniers examens à titre de candidates libres, et ceci avec la seule « licenza elementare* ».

Malheureusement, on ne peut espérer que la formation effarante qu'on donne aux enseignantes d'école maternelle soit un phénomène limité à ces quelques années. Elle a au contraire une portée qui engage l'avenir et ceci pour longtemps. En effet, les diplômées de ces dernières années - celles qui sont sorties des cours réguliers et les « aventurières » issues des cours privés - sont assez nombreuses pour répondre non seulement à la demande des écoles qui fonctionnent déjà mais aussi

---

* correspond à peu près au brevet élémentaire français

de toutes celles qui s'ouvriront au cours des prochaines années. Ce sont elles qui justement commenceront à enseigner dans les nouvelles classes, si elles fonctionnent, et qui continueront à le faire pendant les quarante ans à venir, c'est-à-dire jusqu'à l'âge de la retraite (60 ans).

En même temps que la réforme de l'école maternelle, et parallèlement à elle, était prévue celle de « la scuola magistrale » : deux ans ont été rajoutés aux trois années d'études réglementaires et la période de stage s'est vue prolongée. En dehors du fait que cette réforme boîteuse aurait dû, logiquement, précéder l'institution de l'école maternelle d'Etat, et non lui être contemporaine, et moins encore lui succéder, cela n'aurait rien modifié du contenu de cette école. Peut-être cependant aurait-elle atteint un objectif, celui de décourager au départ, à cause précisément des obligations d'études différentes et de leur durée, les candidates moins préparées culturellement, moins douées intellectuellement et moins sincèrement attirées par ce type de travail. La « carrière » d'enseignante en école maternelle a bien d'autres raisons d'être attrayante pour certaines jeunes filles totalement dépourvues d'ambition, d'indépendance, de désir de se réaliser : la durée des études est exceptionnellement brève et la préparation culturelle exigée minime. Le préjugé aujourd'hui très répandu, selon lequel, si l'on est une femme, on a une aptitude particulière à s'occuper d'enfants, surtout d'enfants très jeunes, encourage les jeunes filles à choisir une profession en tenant compte exclusivement de leur propre intérêt. Pour les jeunes filles issues de la classe ouvrière ou de la petite bourgeoisie, être institutrice en école maternelle représente encore une promotion sociale importante. En fait, exceptés de rares cas, les jeunes filles issues de milieux plus évolués se gardent bien de choisir cette profession qui leur semble tout à fait dénuée d'attraits. C'est une occupation à temps partiel qu'on estime être suffisamment rétribuée pour une femme par rapport au nombre d'heures de travail[1]. Les vacances sont importantes pendant l'année, très prolongées en été et la rétribution est régulière pour celles qui ne sont pas seulement suppléantes. Choisir cette profession pour ces raisons qui, sans être indignes, n'en sont pas plus nobles, semble vraiment par trop dangereux. Le fait essentiel à notre avis est qu'on ne se prépare pas à une profession quelconque mais à avoir affaire à des enfants de trois ans en qui notre comportement laissera une empreinte indélébile, et ceci est totalement négligé dans ce choix. Aucune ne se demande sérieusement si elle est faite pour ce genre de travail. On est encore persuadé, comme au temps où les phénomènes psychologiques étaient totalement ignorés, que n'importe qui peut être en rapport avec des enfants et, comme ils sont illétrés, il semble normal que les personnes qui s'occupent d'eux le soient aussi.

Le problème de la qualité des enseignantes est posé, mais seulement dans les limites du problème des connaissances et en fonction de l'âge des élèves. Ainsi, il peut aussi arriver qu'au lycée et à l'université, les jeunes rencontrent des personnes d'un niveau élevé qui seraient bien plus nécessaires dans les premières années de l'enfance où l'absence de conscience et le manque d'esprit critique qui en découle, rendent l'enfant infiniment plus vulnérable que lorsqu'il est plus grand.

Les raisons économiques et sociales du choix de la profession d'enseignante en école maternelle sont celles que nous avons examinées, mais si on interroge les institutrices, elles ne l'admettent que rarement : soit qu'elles n'en ont jamais pris conscience, soit qu'elles savent que pour des professions de ce genre les motivations de pure commodité ne sont pas admises. En réalité, presque toutes tiennent à déclarer qu'il s'agit d'une « vocation ». Le terme de « vocation » sousentend un appel de nature presque mystique auquel il est difficile de se soustraire, un désir de se rendre utile à la société, un désintéressement presque total quant à l'aspect économique de cette activité, de l'altruisme et l'esprit de sacrifice, ce dernier surtout. (Curieusement, ce terme n'est utilisé que pour les professions qui regardent la personne humaine dans ses aspects considérés, à tort ou à raison, comme les plus dégradants : l'enfance, la vieillesse, la maladie physique et mentale, l'anormalité, etc...). Or, l'esprit de sacrifice est toujours très suspect. On ne voit pas pour quel motif une personne saine d'esprit devrait spontanément choisir de se sacrifier au lieu de jouir le plus possible de la vie, et cela non seulement à des moments privilégiés de son existence, mais quotidiennement, plusieurs heures par jour, pendant de longues années, sans répit.

S'il en est ainsi, autrement dit si une enseignante choisit sa profession avec le projet malsain de se mortifier sans cesse dans le sacrifice, mieux vaudrait alors lui dire clairement que cette motivation la rend automatiquement inapte à cette tâche. Les professions devraient être choisies parce qu'elles nous plaisent, nous satisfont, nous rendent heureux, nous enrichissent, nous stimulent, même si elles ne manquent pas d'entraîner des situations momentanées où l'on doit faire appel à « l'esprit de sacrifice ». Les enfants sont aimables et attrayants. La conformation de leur corps peut séduire et émouvoir l'adulte, et l'inciter à s'occuper d'eux, comme le soutient Eibl-Eibesfeldt[2]. Ils devraient éveiller sa tendresse, lui plaire, l'amuser, susciter en lui des sentiments positifs de sympathie, d'intérêt, de curiosité, et lui faire sentir qu'il est « de leur côté », provoquer chez lui une identification avec eux. Si l'adulte a besoin d'appeler « vocation » le rapport éducatif, c'est que les enfants ne lui plaisent pas du tout, du moins pas assez ou pas comme il faudrait. Il n'y a rien de condamnable dans le fait qu'un adulte trouve les enfants fastidieux ou antipathiques, c'est un trouble psychologique comme un autre, mais alors il est préférable qu'il ne s'occupe pas d'eux. Il y a tant de professions moins dangereuses parmi lesquelles choisir. Je dirai en outre que l'utilisation du terme « vocation », pour qualifier son métier, est inversement proportionnelle au niveau culturel, professionnel et humain des enseignantes. Parmi celles que j'ai observées au travail et à qui j'ai parlé, les quelques-unes qui avaient un bon rapport avec les enfants étaient justement celles qui déclaraient simplement aimer leur travail parce que les enfants sont sympathiques et qui n'essayaient pas du tout de le faire passer pour une mission. Au contraire celles qui trouvaient les enfants insupportables et ennuyeux éprouvaient le besoin d'afficher cette « vocation » de différentes manières.

Les motivations d'ordre psychologique pour lesquelles on choisit d'être enseignante devraient être soumises à un examen approfondi. Il s'agit souvent de personnes qui ont des difficultés dans leurs rapports avec les adultes, qui ne réussissent pas à établir des liens affectifs solides et durables avec eux et cherchent un substitut moins difficile et moins frustrant. Il arrive en fait que beaucoup de personnes psychiquement perturbées, ayant des difficultés sur le plan affectif, social et professionnel, demandent avec beaucoup de naturel à pouvoir travailler avec des enfants, déclarant qu'elles ont besoin de « donner », absolument pas conscientes à ce moment-là de ne chercher au contraire qu'à recevoir.

Dans un rapport avec un adulte, on est contraint de tenir compte de l'autre, de s'adapter à lui, de pactiser, de manifester ouvertement ses propres demandes qui, justement parce qu'elles sont excessives, inhibées ou détournées, sont souvent destinées à être repoussées ou déçues ; en revanche, dans le rapport avec les enfants, c'est l'adulte qui « dirige » (selon la structure habituelle du rapport adulte-enfant) et sa perception de l'enfant comme un être dépendant de son jugement et de son approbation l'amène à instaurer un rapport autoritaire et unilatéral dont il sent qu'il a le rôle dominant, sans faire d'effort excessif. Le succès est garanti, l'enfant « s'attachera » à lui et dépendra de lui, mais à quel prix, nul ne le dira jamais. Le besoin de tirer sa puissance, quand on en manque, d'un rapport avec quelqu'un de plus faible que soi, n'est jamais positif et peut même devenir très dangereux lorsqu'il s'agit d'enfants. L'enseignante qui choisit, consciemment ou non, sa profession comme un refuge, sera amenée à reverser toute son énergie affective dans son travail précisément parce qu'elle a rarement d'autres exutoires. Cela pourrait passer pour la situation idéale. En réalité, elle y reporte aussi une énergie qui n'a rien à voir avec le rapport pédagogique et qu'elle ferait mieux de dépenser autrement. Si elle n'y parvient pas, c'est qu'elle est de toute évidence inhibée et réprimée, et l'inhibition comme la répression sont des données incompatibles avec le fait de s'occuper d'enfants, c'est bien connu.

L'enseignante ne devrait pas être quelqu'un en marge de la vie, mais quelqu'un qui a vécu et qui vit pleinement. Elle devrait se sentir suffisamment accomplie, et non pas dans l'échec, elle devrait aimer ses semblables, et non pas être hostile ou pleine de rancœur à leur égard. Pour la plupart des enfants, l'institutrice est le premier modèle d'adulte, en dehors des parents, à imiter et auquel s'identifier : il serait par conséquent nécessaire que ce soit un modèle positif.

Il est bien évident que les éducatrices d'école maternelle devraient être en mesure de se comprendre elles-mêmes et de comprendre leurs propres comportements face aux enfants dont elles font l'éducation : c'est ce qu'on devrait attendre des écoles préparatoires à l'éducation. Les angoisses, les défenses, les réactions aux frustrations, le sens du choix de telle ou telle profession, les jalousies, les préférences, l'agressivité, parfois le sadisme, devraient être analysés et éclaircis, afin que le rapport des enseignantes avec les enfants soit le plus possible limpide, hors des influences des problèmes personnels ou des déviations produites par les méthodes d'éducation qu'on tend toujours à reproduire.

La pratique pédagogique subit dans le temps des variations minimes et très lentes : de nouvelles techniques ne manquent pas d'être élaborées et proposées, mais l'éducateur - parent ou enseignant - se trouve incapable de se libérer et de s'autonomiser par rapport à son passé, et tend à répéter les modalités et les attitudes de sa propre éducation. Il lui est donc moins indispensable d'apprendre *comment* traiter un enfant que de faire une auto-analyse et de revoir profondément ses comportements pédagogiques qui deviennent les comportements fondamentaux que l'on a envers soi-même et envers la vie en général.

Il est malheureusement absurde d'attendre que l'école, dans son état actuel, se montre scrupuleuse sur ce point, et d'ailleurs il n'en a jamais été question dans cette hypothétique réforme de « la scuola magistrale ».

Pourquoi pas les hommes ?

S'il est vrai que les femmes, comme les hommes, ont reçu une éducation autoritaire et répressive, qu'ils reversent dans leur rôle d'éducateurs les valeurs reçues, il est certain que ce type d'éducation a pesé plus lourd sur les femmes.

Les hommes jouissent d'une bien plus grande liberté et d'une plus grande considération sociale, et de ce fait, ils mettent bien moins en jeu les défauts typiques de ceux qui ont eu une éducation répressive. Pourquoi donc ne pas proposer que l'homme soit également l'éducateur des enfants, et pourquoi ne pas lui permettre d'enseigner en école maternelle ? La loi n° 444 du 18 mars 1968 qui institue l'école maternelle d'Etat, ne parle que d'inspectrices, de directrices, d'enseignantes, d'assistantes, de sexe féminin. On pourrait attendre des législateurs qu'ils aient non seulement une vision ouverte sur l'avenir, mais encore qu'ils tiennent compte de l'évolution des mœurs et qu'ils aient la volonté politique de donner une orientation correspondant à la recherche psycho-pédagogique ; ils sont en réalité tout aussi victimes des préjugés que l'homme de la rue. Loin de s'y opposer, ils les favorisent, parfois par aveuglement, mais surtout afin de conserver les institutions pédagogiques telles qu'elles sont, pour qu'elles continuent à produire les individus nécessaires à cette société telle qu'elle est.

Alors que l'on reconnaît, à tort, l'«instinct maternel» à toutes les femmes, et que, pour cette seule raison, on leur confie l'éducation des petits enfants, l'instinct paternel est totalement refusé à l'homme. Selon les préjugés, l'homme n'est pas porté «naturellement» à la paternité, mais il conquiert lentement, avec effort (et encore, pas dans tous les cas) cette forme de sensibilité, en se trouvant presque malgré lui dans la situation d'avoir des enfants déjà tout faits ; enfants qui lui restent pourtant étrangers et incompréhensibles, jusqu'à ce qu'ils parviennent à s'exprimer d'une façon plus proche de la sienne, ce qui lui donne alors la possibilité de communiquer avec eux. Ainsi, les enfants déjà grands feraient de chaque homme un père.

En raison de sa « forte nature », on considère que l'homme n'est pas en mesure d'éprouver, comme une femme, de la tendresse, un désir de protection, de l'intérêt pour les enfants qu'il a procréés ou pour les enfants en général ; le rôle qui lui est imparti est de pourvoir à leurs besoins matériels. C'est sans doute le résultat d'un conditionnement, opposé au conditionnement féminin, que la paternité ne soit jamais présentée au garçon comme un événement important dans sa vie, mais comme un fait secondaire et accidentel, et en définitive comme quelque chose d'extrêmement ennuyeux. L'éducation des enfants est donc « une affaire de femmes ».

Il faut reconnaître qu'il y a des hommes et des femmes parfaitement inaptes à la paternité et à la maternité, ainsi que des hommes et des femmes tout à fait incapables d'assumer un rôle d'éducateur scolaire à quelque niveau que ce soit ; mais il est faux d'exclure a priori qu'il puisse exister des hommes qui soient faits sur mesure pour la profession d'éducateur d'enfants. Au contraire, à cause des préjugés sociaux qui leur dénient tout rôle dans le processus éducatif de la petite enfance, certains hommes doués des qualités requises pour devenir d'excellents éducateurs ne songent même pas à cette éventualité. Comme les habitudes sociales et culturelles et la prétendue « tradition » ont un grand poids, la valeur sociale d'une profession intervient lourdement dans le choix que fait un adolescent : il y a autour de lui beaucoup trop de pressions qui entravent ou orientent son choix. Pour l'enseignement, on se heurte à la peur du ridicule (c'est un « travail de femme »), à la peur de voir mise en doute sa virilité, à la crainte de se retrouver isolé dans un groupe homogène appartenant à l'autre sexe (la femme suscite une sorte de curiosité sceptique quand elle accède à une profession masculine, mais son prestige en est augmenté ; l'homme qui fait « un travail de femme » ne suscite au contraire que de la dérision et de la commisération car son prestige diminue) ; le risque de passer pour excentrique, ou carrément « anormal », et donc d'avoir à se justifier de ce choix, montre finalement combien la compensation est faible, et jugée insuffisante pour un homme. Toutefois, lorsque certaines professions qui étaient totalement entre les mains de femmes ont été, pour maintes raisons, revalorisées, l'homme y a entrevu la possibilité d'en tirer des profits considérables -comme dans le cas de l'obstétrique- et avant de se les approprier, il a toujours fait en sorte d'en revaloriser le prestige social, par anticipation.

Pourtant, en ce qui concerne l'introduction d'une présence masculine dans l'école maternelle, certaines ouvertures sont en train de se faire. En effet, les pédagogues et psychologues se sont déclarés vivement et chaleureusement favorables à ce projet, et ce fait en lui-même contribue déjà à conférer du prestige à la profession d'éducateur. L'opération suivante, à savoir la revalorisation économique, aura lieu au moment précis où les hommes seront intéressés en nombre suffisant à la question.

Sur le *Giornale dei genitori* (« Journal des parents ») de mars-avril 1972, est transmise une information, tirée du *Documento di informazione ed esperienze* (« Document d'information et d'expériences ») de l'Ecole de l'Enfance de Modène en février 1972. Deux enseignants du primaire, deux hommes, ont été officiellement chargés du service horaire de l'après-midi à l'école de la via Ancona, et à l'école Pestalozzi, dans des classes d'enfants de 3 à ·6 ans. Tous deux ont passé la dernière épreuve du concours d'admission au grade de titulaire ou suppléant.

« Pour la première fois en Italie, nous avons des raisons de le croire, l'enseignant de sexe masculin a fait son entrée officielle dans la *Scuola dell'Infanzia* (l'Ecole de l'Enfance), rompant ainsi avec leur exclusion séculaire des institutions scolaires pour enfants, exclusion qui n'avait rien de naturel et que la plupart des gens soutiennent aujourd'hui encore, pour des raisons qui n'ont absolument rien à voir avec une évaluation correcte des besoins psychologiques des enfants, ní avec une politique pédagogique correcte. »

Les deux enseignants déclarent, deux mois après le début de l'expérience, qu'ils l'estiment très positive :

« ...nous pouvons dire qu'il faut poser, le plus consciencieusement possible, tous les problèmes d'une insertion plus réelle de l'enseignant de sexe masculin dans l'éducation de l'enfant dès son plus jeune âge, en proposant cette présence non comme une alternative à la présence féminine, mais comme son juste complément exigé par la vie même de l'enfant et, plus largement, par celle de la société. Il est impossible de négliger la présence masculine qui doit réaliser son devoir de préparation et de maturation de l'enfant au sein du milieu éducatif. »

L'emploi des deux enseignants l'après-midi seulement ne constitue pas encore la bonne solution de ce problème. A notre avis, il faudrait proposer un plein temps des deux enseignants, pour qu'ils assument les mêmes tâches que les femmes. Ceci pour ne pas reproduire, une fois de plus, une division nette des rôles assumés par les deux sexes, au préjudice des enseignants eux-mêmes et surtout des enfants, qui en retireraient une fois de plus la conviction que les hommes doivent remplir certains devoirs, et les femmes d'autres, et que dans cette division, les tâches les plus nobles et prestigieuses sont réservées aux hommes et les moins importantes aux femmes.

Dans une intervention faite au cours d'une journée d'études sur les problèmes psychologiques des enseignants (Pérouse, 22 mai 1968), Giacomo Santucci entrait en polémique avec un parlementaire qui, durant le débat sur l'institution de l'école maternelle d'Etat, s'opposait à l'introduction d'une présence masculine dans l'école, en ces termes : « Je ne vois pas comment un homme pourrait nettoyer le derrière d'un enfant », lui montrant qu'il faisait une confusion avec « ... les devoirs qui incombent à l'assistante mais qui ne viennent pas dévaluer ni déclasser le personnage même de l'enseignant et sa fonction ». A part le continuel et fastidieux rappel des notions de prestige, de classe, de valeur, quand il s'agit d'un homme, il n'est pas du tout évident pour nous que nettoyer le derrière d'un enfant soit une tâche de si peu d'importance qu'on doive la confier à un personnage de « second plan » comme l'assistante d'école maternelle puisque c'est ainsi qu'elle est considérée par rapport à l'institutrice.

Tout ce qui arrive à un enfant et tout ce qu'il vit a la même importance, qu'il s'agisse des hautes sphères de la culture et de la création ou d'un phénomène d'apparence purement biologique, comme de salir ses culottes. Il nous semble que les sciences psychologiques ont clairement démontré combien la psyché et le corps sont intimement liés : rien de ce qui advient au corps ne peut être considéré comme simplement physique et de même, rien de ce qui arrive à l'esprit ne peut être considéré comme simplement psychique ; des réalités aussi apparemment banales et grossières que la nutrition et l'évacuation sont aussi du domaine psychologique, ont une forte résonnance émotive et une influence profonde, fondamentale sur le développement psychique de l'enfant.

Certains des épisodes les plus importants de la vie d'un enfant se produisent aux cabinets, surtout quand ils ne sont pas un lieu rigoureusement privé dont on fait usage l'un après l'autre et dans la plus stricte intimité, mais, comme cela devrait l'être à l'école maternelle, un lieu où l'on reste en petits groupes d'enfants des deux sexes, sans avoir besoin d'absurdes permissions particulières, mais quand on en a envie, et non à des horaires fixes, vu que chacun a les siens et ne peut les modifier sans en souffrir physiquement. Dans ce lieu, naturellement plus confortable et plus plaisant que ce qu'il est toujours dans les écoles maternelles, surviennent ou devraient survenir les premières découvertes importantes des différences entre les sexes, découvertes qui suscitent les premières questions et qui devraient obtenir de la part de ceux qui sont préparés à les donner les premières réponses. C'est justement là que souvent s'établissent et se consolident des relations sociales très étroites et chargées d'affect, que se nouent des dialogues intimes entre les enfants, que s'ébauchent des situations très délicates et qu'émergent des problèmes cachés. Et s'il fallait quelqu'un dans ce lieu, ce serait, des deux enseignants prévus pour chaque classe, celui qui est le mieux préparé psychologiquement, prêt à repérer certaines tensions, certains conflits et à intervenir en les expliquant et en les dédramatisant.

Quand comprendra-t-on que c'est justement le comportement de l'adulte envers ce que « produit » l'enfant qui constitue une des armes les plus redoutables, les plus meurtrières de la répression sexuelle à cet âge ? Et que souvent, à trois ans, l'enfant a déjà subi à la maison, comme nous l'avons vu, des interventions répressives innombrables et pénibles dont l'effet destructeur devrait être corrigé par celui qui est précisément censé en avoir les moyens : l'enseignant ?

Dans le cas souhaitable de la présence d'un couple d'enseignants (homme - femme) dans une classe, il ne devrait jamais arriver qu'une tâche quelconque incombe de manière rigide à l'un des deux et lui soit réservée ; une interchangeabilité totale est indispensable, ainsi qu'une complète adaptation aux circonstances et aux événements de la journée, outre le fait de pouvoir toujours répondre aux préférences et aux choix que fait chaque enfant de l'une ou l'autre personne, car ces choix expriment des besoins qui ne peuvent, parfois, se manifester autrement. Le petit garçon (ou la petite fille) qui sait, par exemple, qu'il peut demander à être lavé et changé même à l'enseignant homme, le lui demandera si c'est important pour lui et si cela satisfait certains de ses désirs d'entretenir des rapports affectifs profonds avec une figure masculine. Il faut cependant éviter, lorsqu'un homme et une femme ont à faire ensemble le *même* travail, que s'établisse automatiquement une hiérarchie en fonction de laquelle la femme prend naturellement en charge les devoirs estimés, à tort ou à raison, moins qualifiés ou simplement « féminins », laissant les plus prestigieux à l'homme, qui s'y attend et accepte la chose tout aussi naturellement. Si les stéréotypes doivent être détruits, autant commencer tout de suite. Les enfants qui, comme nous l'avons vu, ont déjà parfaitement assimilé chez eux les rôles réservés aux deux sexes, et la suprématie du sexe masculin, trouveront, à l'école également, la confirmation de cet état de choses. Nous pouvons aussi admettre que changer la culotte d'un enfant qui s'est sali n'est pas une chose très agréable (bien que personnellement je ne sois pas de cet avis), mais si ce n'est agréable pour personne, ça ne l'est pas davantage pour la femme enseignante.

Une expérience de ce genre a été tentée en France et la directrice de l'école, Lazarine Bergéret, en fait état dans un article paru dans le mensuel français *L'Ecole des Parents* de novembre 1971 sous le titre *Un homme à la maternelle*. L'article est le compte-rendu vivant d'un cycle d'études, fait dans une école maternelle justement, par trois jeunes « assistants sociaux » à la recherche d'une orientation personnelle en vue d'une spécialisation dans leur profession. Les trois jeunes gens sont restés à tour de rôle dans cette école, chacun pour une période de deux mois, et ont été accueillis avec enthousiasme par les enfants de deux à six ans. Les enseignantes avaient auparavant constaté (et quiconque a eu des contacts dans une école de jeunes enfants peut le confirmer) « l'intérêt particulier que suscite chez les élèves la présence des hommes quand, pour une raison ou pour une autre, ils franchissent le seuil d'une école maternelle » : coursiers apportant des colis, facteurs porteurs de messages, jardiniers qui viennent émonder les arbres, vitriers remplaçant les carreaux cassés, plombiers réparant les lavabos ou les cabinets, serruriers venus changer les serrures ou faisant la soudure au chalumeau, électriciens montant sur des échelles « jusqu'au plafond », représentants qui proposent des articles, ainsi que le « monsieur du cinéma », autrement dit l'opérateur qui projette les films. « Le rémouleur, le vitrier, le savetier ont été invités à exécuter leurs travaux devant les enfants, de même que des musiciens : violoncellistes, flûtistes et autres ».

« Pour les élèves de notre école, les hommes qui y viennent ne peuvent appartenir qu'à deux catégories : ou ils exécutent un travail, ou ils sont des papas ».

Les jeunes assistants sociaux, eux, ne faisaient aucun travail spécifique, mais s'occupaient simplement des enfants, ce qui ne manquait pas de les émerveiller, et leur plaisait beaucoup. Le récit de cet événement[3] illustre mieux que n'importe quel commentaire l'influence profonde et bénéfique que la présence d'hommes pourrait exercer dans les communautés de jeunes enfants.

« La seule présence d'un homme dans notre équipe semblait susciter, favoriser des petites « éclosions » chez nombre d'enfants. Nous ne pouvions nous empêcher de rêver à ce qu'elles auraient été si cet homme avait été un véritable enseignant informé et formé à sa tâche...

Dès la première journée, dès la première récréation, nous constations que les enfants qui le sollicitaient sans cesse sous mille prétextes détournés (jouet à réparer, fermeture éclair bloquée, lacet à rattacher, technique de jeu à perfectionner...) étaient presque uniquement des enfants sans père (ni grand-père, ni oncle proche). Les enfants, filles et garçons, de mères veuves ou célibataires, de couples désunis ou de familles dont le père est toujours absent sous des prétextes divers, ne le quittaient pas. Les plus petits le suivaient en silence, les plus audacieux le touchaient, le tiraient par sa veste ou son pantalon. Bien vite, dès qu'il s'asseyait, on lui grimpait sur les genoux, d'abord par le biais d'un prétexte, ensuite sans retenue... Ils semblaient avoir un réel besoin d'une relation permanente avec lui et de son approbation, le plus souvent muette... La placidité du jeune homme, sa patience, séchaient-elles réellement plus vite les larmes suscitées par bobos ou disputes, ou avons-nous eu l'illusion seulement qu'il rassurait mieux que nous ? Avons-nous inventé que les grands garçons avaient gagné en douceur vis-à-vis des plus petits, en constatant la sollicitude de ce grand gaillard à leur endroit ?»

« Une expérience très différente, mais tout aussi probante, est celle que j'ai faite moi-même dans une crèche pour enfants de moins de deux ans. L'arrivée de n'importe quel homme, qu'il s'agisse d'un ouvrier venu pour un travail, ou d'un visiteur, était saluée par de grandes manifestations de joie. Les enfants des deux sexes s'aggripaient tous à ses jambes pour demander qu'il les prenne dans ses bras. Une petite fille de deux ans, qui n'avait pas de père, courait joyeusement vers tout le monde en annonçant : « Il y a un monsieur, il y

a un monsieur ! » Lorsqu'un jeune ami d'une des maîtresses vint une fois en visite, les enfants étaient prêts à
se rendre au jardin zoologique, chose qu'ils apprécient
par dessus tout, mais il n'y eut pas moyen de les faire
sortir avant que le jeune homme ne soit parti.

Du fait de leur préparation insuffisante, et surtout de
leur structure psychologique, les institutrices d'école
maternelle redonnent aux enfants des deux sexes un
modèle qui n'est autre que celui de leur mère, et donc,
une image ancienne, dévalorisée, agaçante, qui fait obstacle à leur développement autonome. A trois ans, les
enfants sont saturés de leur rapport à leur mère, et
avides de nouvelles expériences. L'image d'un homme
qui *reste* avec eux, tout à eux, apaise leur besoin perpétuellement insatisfait d'être avec leur père, toujours
absent ou pris par d'autres intérêts. Le fait qu'un
homme, personnage fascinant et prestigieux à leurs
yeux, s'occupe enfin d'eux, les stimule, les remplit d'orgueil, accroît l'estime qu'ils ont pour eux-mêmes et
donc les équilibre. Pour les petites filles, la présence
d'un homme qui a été formé à l'enseignement a une
importance encore plus grande. Vu le rapport décevant
que les petites filles ont avec leur père, qui les exclut du
monde masculin pour leur proposer à la place, et pour
la énième fois, un rôle restrictif et frustrant, une présence masculine à l'école maternelle pourrait être très
stimulante et libérer beaucoup d'énergie qui n'a pu
s'exprimer.

L. Bergéret poursuit :

« Notre école où nous avons le souci de ne « materner » qu'exceptionnellement, devrait-elle toujours s'appeler «école mater-nelle», fallait-il inventer une école «paternelle» et faire préva-loir le rôle masculin ? N'était-il pas souhaitable d'équilibrer rôles masculin et féminin en permettant à des hommes d'enseigner dans nos écoles ? »

La présence de trois assistants sociaux dans cette école maternelle n'avait pas seulement été utile aux enfants et aux enseignantes, mais ces jeunes hommes

«exprimèrent ce qu'ils appelaient «leur chance» d'avoir par-tagé la vie professionnelle de jeunes femmes, surtout le dernier, élevé par des grands parents. Ils disaient avoir appris à connaître notre passionnant mais si épuisant métier et avouaient, le soir, être recrus de fatigue. Ils reconnaissaient avoir découvert certains problèmes des femmes qui travaillent, et reconsidéré leur propre attitude familiale en tenant compte de leurs constatations.»

Ceci démontre que si l'on se libère des préjugés, les conséquences bénéfiques qu'on en tire peuvent être inattendues, insoupçonnées, et s'étendre jusqu'à sollici-ter ceux qui sont concernés, à analyser et à revoir sous un jour nouveau nombre de leurs comportements : qu'ils n'aient rien à voir avec ce qui les a provoqués au départ est une simple apparence.

Le compte-rendu de l'expérience dans l'école de L. Bergéret nous invite à un autre type de réflexion lors-qu'elle signale que

«les enfants n'ont guère l'occasion d'observer des femmes au travail, excepté celles dont le métier est précisément d'être à leur disposition : institutrices, assistante sociale scolaire, personnel de service, ou les commerçantes, elles aussi à leur service, dont ils ne perçoivent guère que l'action d'encaissement.

Pourquoi, femme moi-même, n'ai-je été tentée de présenter aux enfants que des professions masculines ? Est-ce par hasard ? »

et elle se propose d'inviter aussi, comme on l'a fait pour des artisans ou des hommes exerçant un métier, des femmes qui ont une profession.

Ça n'est pas un hasard si la directrice, intelligente et ouverte, n'a présenté à ces enfants de deux à six ans que des travailleurs masculins. Elle aussi est conditionnée par les rôles stéréotypés, elle aussi est intimement persuadée, comme le sont toutes les femmes, que le travail masculin est « le travail » par excellence, et que le travail féminin a une importance secondaire. Il est inévitable qu'elle transmette aux enfants ce préjugé. C'est seulement dans un second temps, alors qu'elle poursuit plus avant sa réflexion, qu'elle se pose la question, et décide de la résoudre. Avec leur capacité bien particulière de saisir l'essence réelle des situations (tout au moins, celles que les adultes retiennent comme réelles, même s'ils n'en sont pas conscients), les enfants ont déjà constaté depuis longtemps que le travail avec un grand T, celui dont dépend leur survie, est vraiment du domaine de l'homme ; alors que la femme n'accomplit pas un authentique travail productif, à ce qu'il semble du moins, mais s'occupe simplement d'eux.

Le père voit son autorité et son rapport à ses enfants se réduire, dans la plupart des cas, à sa contribution financière ; il exige, pour conserver sa propre estime et rester fidèle à son rôle de chef et de soutien de famille, que son travail, avec la possibilité du bien-être qu'il lui garantit, soit continuellement présent. Les hommes aussi paient très cher pour se maintenir dans ce rôle, mais sont incapables d'y renoncer.

> « Conformément au système traditionnel des rôles, les hommes
> assument toute la charge d'entretenir leur famille, ils sont privés
> de tout contact émotif avec leurs propres enfants et sont écrasés de
> responsabilités qui les conduisent souvent à éprouver de sérieux
> troubles psychiques et psychologiques. »[4]

Cette réalité est si bien perçue par les enfants, même très jeunes, qu'il est rare qu'ils s'opposent à ce que leur père sorte pour « aller au bureau », alors qu'ils protestent couramment si leur mère s'en va, convaincus que le rôle du père est d'aller travailler. La mère, en revanche, vit très souvent son travail avec un fort sentiment de culpabilité : travailler, c'est soustraire son énergie, son temps et son affection, aux siens. Aux protestations d'un petit enfant qu'elle laisse à la maison ou met à la crèche, la mère ne répond pas avec tranquillité et fermeté : « Il faut que j'aille travailler », mais elle réagit avec angoisse à la demande de son enfant, qui lui paraît justifiée puisque tout le monde lui répète qu'il a constamment besoin de sa présence pour se développer de façon équilibrée (alors qu'il a tout aussi besoin de la présence paternelle).

A l'école maternelle, petits garçons et petites filles trouvent donc une confirmation éclatante de la situation sociale et de la division des rôles masculin et féminin ; car là où l'on s'occupe d'eux, les hommes sont tout à fait absents. Le travail de la mère, ainsi que celui des enseignantes, n'est pas perçu comme un travail à proprement parler, mais comme un service plus ou moins autoritaire, plu ou moins bénévole, mais totalement gratuit. Cette identification des maîtresses d'école avec la mère, se fait au détriment des petites filles, car elle les pousse à s'identifier également à l'institutrice. Dans la même situation, les garçons ont la conviction que les femmes sont méprisables, puisqu'elles ne font rien de prestigieux, sinon s'occuper d'eux. C'est bien différent pour les hommes, dont le mystérieux et fascinant travail au dehors apporte un bien-être à la famille et leur confère du prestige et de la considération au sein de la famille et dans le groupe social auquel ils appartiennent.

La présence d'hommes à l'école maternelle donnerait aux enfants la vision réelle d'une interchangeabilité effective. La rigidité des rôles masculin et féminin en serait automatiquement moins forte.

Il est certain que jusqu'à six ans au moins la plupart des enfants sont persuadés que les femmes ne font rien, et que celles qui travaillent hors de la maison font quelque chose de si insignifiant qu'il ne vaut même pas la peine d'en parler. Une preuve de cette image du travail féminin chez les enfants de trois à six ans a été donnée par un certain nombre de dessins d'enfants recueillis dans plusieurs écoles maternelles, j'y reviendrai plus en détail par la suite. Dans ces dessins, les enfants ne représentent que des hommes qui travaillent et des femmes qui restent à la maison, des mamans ; un sur cent seulement montre une femme qui *se rend* à son travail, mais on ne sait pas trop où elle va ni ce qu'elle va faire, alors que les activités masculines sont toujours nettement caractérisées.

« Les hommes font tous des choses dangereuses », dit

sentencieusement un petit garçon de l'école de L. Bergé-ret, tout admiratif devant un ouvrier qui répare un toit. Et la conclusion pourrait être : les femmes font toutes des choses insignifiantes, soulignant ainsi la vision qu'on donne aux enfants, et qu'ils ont de la réalité du travail masculin et féminin.

La majorité des enseignantes d'école maternelle, soit du fait de leur formation, soit en raison de leurs quali-tés personnelles, sont les dernières à pouvoir proposer un modèle de réalisation de soi différent de celui qui jusqu'ici a été reconnu valable. Ayant elles-mêmes reçu une éducation conformiste, dont elles sont satisfaites, ignorantes d'elles-mêmes et des problèmes du monde qui les entoure, ignorantes du privilège que représente le fait de s'occuper d'enfants, et du pouvoir qu'elles auraient de leur permettre de devenir des individus pen-sants et créateurs, n'ayant aucun engagement politique ou social, ayant une émotivité et une sexualité répri-mées, frustrées et souvent dégoûtées du travail qu'elles font, dont elles ne sentent pas les perspectives et l'im-portance, dépourvues de vitalité, avilies, victimes de la ségrégation et abandonnées dans un ghetto où il n'y a que des femmes qui balbutient des discours insensés, pauvres, mélancoliques, où ne passe aucun souffle inno-vateur, oubliées par ceux qui s'occupent de l'école et prétendent la réformer en partant du sommet de la hié-rarchie et non de la base, enfermées dans leur petite vie tissée de banalités domestiques, elles traînent avec lassi-tude leurs matinées avec les enfants, avec pour seule pré-occupation qu'ils soient les plus immobiles et silen-cieux possible.

Leur réaction face à l'idée que les hommes puissent enseigner à l'école maternelle est une stupéfaction scandalisée. Voici leur réponse :

« Ce n'est pas un travail d'homme, il faut beaucoup de patience avec les enfants et les hommes n'en ont pas. » (entendu d'une enseignante qui a perdu patience au moins une douzaine de fois dans la matinée, et reconnaît que dans sa famille son père avait bien plus de patience avec ses enfants que n'en avait sa mère).

« C'est une profession féminine, les hommes en ont tant d'autres parmi lesquelles choisir. »

« En Italie, les hommes ne s'intéressent pas aux enfants, ils ne s'en occupent pas, ils rapportent la paye à la maison et c'est tout. »

« Les hommes ne sont pas faits pour rester avec les enfants, c'est de la faute de l'éducation qu'ils ont reçue. » (éducation qu'elles-mêmes continuent tranquillement à perpétuer à la maison et à l'école).

« Les femmes ont ‹ de naissance › une autre capacité, elles sont davantage faites pour être avec des enfants. »

« Et alors, pourquoi l'appellerait-on école maternelle ? » (révélant comment le choix des termes renforce le préjugé).

« C'est un travail de femme, il faut servir de mère aux enfants. »

« Peut-être que plus tard il arrivera que même les hommes enseignent à l'école maternelle, mais le moment n'est pas encore venu actuellement, c'est à l'encontre de nos habitudes » (comme si les habitudes ne pouvaient être changées).

« Mise à part la patience que les hommes n'ont pas,

il faut beaucoup d'intuition pour comprendre les enfants ; ça n'intéresse pas les hommes de comprendre les enfants. »

« Les enfants n'accepteraient jamais d'avoir un homme pour enseignant. » (le leur a-t-on jamais demandé ?).

« Même si c'était juste, comment ferait-on accepter une chose pareille aux parents ? Les parents ne voudraient jamais envoyer leurs enfants à l'école avec un homme. » (le pourquoi n'en est pas éclairci, mais on sent qu'il y a là-dessous de délicates questions morales).

« Et pourquoi devrions-nous laisser les hommes nous prendre encore ce travail ? »

« Si encore c'était pour apprendre aux enfants la gymnastique, ou quelque chose du même genre, ça irait, mais l'homme n'est vraiment pas fait pour être enseignant, c'est un travail trop *délicat* ».

« Un homme avec des enfants ? Ce serait tout à fait ridicule. »

« Les hommes sont plus autoritaires, ils feraient *peur* à des enfants aussi petits, les femmes au contraire sont plus douces, elles sont comme leur maman. »

« J'ai quelquefois amené mon fiancé dans ma classe, il aime beaucoup les petits enfants, mais comme enseignant, vraiment, je ne le vois pas du tout, il se lasserait tout de suite, la plupart du temps les enfants sont ennuyeux et il faut beaucoup de patience. »

« Eh bien, cette histoire d'hommes enseignant à l'école maternelle, je n'en avais vraiment jamais entendu parler. »

Les enseignantes qui exercent la discrimination

Comment ces enseignantes établissent-elles le rapport éducatif avec les enfants ? Se comportent-elles de la même manière avec les garçons et les filles, ou différemment ? Et, si c'est le cas, en sont-elles conscientes ou non ? A quoi s'attendent-elles des uns et des autres ? Comment les garçons et les filles répondent-ils à cette attente de l'enseignante ?

En ce qui concerne l'établissement du rapport avec les enfants, quelques exceptions mises à part, nous avons bien peur d'être loin du modèle de l'enseignante donné par les « directives pédagogiques » de l'école maternelle d'Etat.

Lorsque nous parlons avec les enseignantes, ou que nous les observons au travail, il y a de quoi être effrayé. Il n'y a pas la moindre différence entre les anciennes, qui prendront leur retraite dans quelques mois, et les jeunes qui débutent à peine, même celles qui sont encore en stage avec des titulaires pour « apprendre ». Une vieille enseignante fait une remontrance à une petite fille de trois ans qui suce son pouce, et comme cette dernière, bien que touchée par l'observation, persiste dans son « passe-temps », elle la menace qu'un jour ou l'autre elle verra son doigt tomber. La même maîtresse intervient pour séparer deux petits garçons qui viennent d'échanger des coups, en leur demandant ce qui s'est passé. Les deux enfants répondent en même temps : « C'est lui ! » Mais elle a probablement suivi l'affaire mieux que moi, car, sûre d'elle, elle apostrophe l'un des deux et lui dit : « Je t'ai vu, c'est toi qui as commencé ! » ; et comme l'accusé continue à protester de son innocence, elle veut lui démontrer son omniscience et son omniprésence : « Roberto, tu es un menteur, je t'ai vu, c'est toi, tu dois le savoir », continue-t-elle, haussant la voix et faisant signe à Roberto de se placer devant elle, « lorsque Pinocchio disait un mensonge, son nez grandissait et s'allongeait, s'allongeait. Quand les enfants disent un mensonge, il leur vient une tache noire sur le front ». L'enfant, préoccupé, touche mécaniquement son front. « Ecarte tes cheveux ! », lui enjoint la maîtresse, et se retournant vers la classe qui ne perd pas un mot de ce curieux dressage, elle dit : « Vous voyez, les enfants, si Roberto a une tache noire sur le front ? » Tous les enfants tendent le cou pour voir, la tension est à son paroxysme, Roberto est au bord des larmes, mais résiste. « Je sais, je sais, les enfants », conclut la maîtresse sur un ton apocalyptique, « Vous ne pouvez pas voir la tache noire sur le front de Roberto parce que vous êtes des enfants, mais la maîtresse la voit, parce que les maîtresses voient tout. » Et satisfaite de son improvisation pédagogique, elle renvoie Roberto à sa place.

Une autre maîtresse âgée rappelle à une petite fille, en ma présence, toutes ses méchancetés, puis me dit à haute voix pour être sûre que la petite fille entende : « Savez-vous, Madame, que l'autre jour Lisetta a traité sa maman d'idiote ? C'est une petite fille très méchante, Lisetta, elle a la langue bien pendue, mais si elle continue, un jour ou l'autre, sa langue va tomber et elle ne pourra jamais plus parler. » Pendant ce temps, Lisetta tortille nerveusement un coin de son tablier blanc et se balance sur les talons, donnant des signes de vive agitation. Une petite fille plus âgée s'approche d'elle, la prend par les épaules et tente de l'amener plus loin pour la consoler, mais la maîtresse, implacable, intervient : « Laisse-la ! Il faut qu'elle reste seule pour penser à ses méchancetés. »

Une stagiaire de dix-neuf ans est assise, bien droite, à son bureau, il est clair qu'elle pense à ses affaires, elle lisse ses cheveux de temps à autre, bat gracieusement des paupières, les yeux outrageusement maquillés, et émerge péniblement, à contre-cœur, de ses pensées quand un enfant ou la maîtresse lui demande quelque chose. Interrogée sur ses projets d'avenir, elle répond : « Cela dépend de mon fiancé ; vous savez, il ne veut pas que je travaille, et comme nous nous marierons l'an prochain, je ne sais pas, nous verrons » ; réponse dont l'immaturité fait peur, d'autant plus que l'accent est mis sur les mots « fiancé », « marier », laissant comprendre quel est son véritable projet.

Je m'adresse à une autre jeune stagiaire, religieuse, très active, alerte, continuellement soucieuse de proposer aux enfants des activités diverses ; mais il est impossible de ne pas déceler, dans cette apparente perfection, une effarante discipline intérieure qui lui ôte toute spontanéité et toute liberté. C'est cette conformité à un modèle idéal qui donne justement une idée de l'énorme effort qu'elle a dû faire pour se réprimer à tous les niveaux et reproduire extérieurement un tel modèle. Avoir un tel comportement est une chose, c'en est une autre que de s'y contraindre. Son air de ne jamais rien imposer alors qu'elle impose tout est un instrument de domination infiniment plus subtil, plus dangereux et oppressif que d'autres plus autoritaires, car il ne permet aux enfants aucune réaction agressive libératrice, mais provoque au contraire une incapacité à se révolter et un sentiment de culpabilité.

Les exemples pourraient se multiplier. Presque toutes utilisent les concepts « gentil » et « méchant ». Julietta est gentille parce qu'elle reste assise immobile à son pupitre selon l'ordre de la maîtresse, Maurizio est méchant parce qu'il ne reste jamais en place et va continuellement ennuyer ses camarades, les petites filles sont gentilles parce qu'elles restent en rang par deux, les garçons sont méchants parce qu'ils rompent continuellement les rangs, se donnent des coups de coude, etc... Le jugement de l'enseignante sur le travail effectué par un enfant ne fait jamais référence au travail lui-même : « Ça a bien marché, cette fois ça a moins bien marché », mais à la personne même de l'enfant : « bon élève, mauvais élève. »

Aux questions directes sur les différences de comportement entre garçons et filles à l'école, les enseignantes s'accordent pour reconnaître qu'elles existent, qu'elles sont marquées, et toutes répètent la même chose. Les garçons sont plus vifs, plus bruyants, plus agressifs, plus querelleurs, moins disciplinés, plus désobéissants, plus menteurs, plus paresseux, ils s'appliquent moins, écrivent moins bien et moins vite, ils sont plus désordonnés, plus sales, moins intelligents. En revanche, ils sont plus autonomes, ils ont moins besoin d'affection, d'approbation et d'aide, ils sont plus sûrs d'eux-mêmes, plus solidaires de ceux de leur sexe, ils ont un plus grand sens de l'amitié, ne sont pas traîtres, ne font pas de ragots et pleurent moins. Les petites filles sont plus dociles, plus serviles, plus dépendantes du jugement de la maîtresse, plus faibles de caractère, plus pleurnicheuses, plus commères, plus rapporteuses, moins solidaires de leur sexe, moins gaies. Elles sont plus intelligentes, plus méthodiques, plus appliquées, plus ordonnées, elles sont plus soignées dans leur toilette, plus obéissantes, plus serviables, plus fidèles, plus soigneuses, plus disciplinées.

La vitesse avec laquelle elles énumèrent les défauts et les qualités des garçons et des filles est révélatrice d'une habitude de classer les enfants selon leur sexe, et donc d'un comportement discriminatoire qui existe à un niveau profond. La réponse correcte, si l'on était libéré des préjugés ou si l'on tentait de s'en libérer, consisterait à distinguer dans le groupe les individus plus agressifs, plus ordonnés, plus dépendants, etc... sans faire référence au sexe, car il y a des petites filles plus agressives que *certains* petits garçons, et des garçons plus ordonnés que *certaines* petites filles. Mais ceux-là deviennent, du fait du conditionnement à des stéréotypes selon le sexe, des exceptions, des « déviants ».

La différence profonde entre hommes et femmes, déjà entièrement effective à cet âge, renforce la conviction qu'il s'agit de phénomènes « naturels », de comportements dûs à un mode d'être biologique différent. Il se peut que la biologie y soit pour quelque chose, mais nous ne pourrons le savoir que lorsque les conditionnements selon le sexe auront disparu. Si on leur demande de quoi dépendent, selon elles, les profondes différences de comportement chez les enfants des deux sexes, les enseignantes répondent qu'il s'agit d'un fait « naturel, héréditaire, inné », mais trahissent une grande confusion d'idées et un manque total de réflexion sur ce problème ; quand elles ajoutent à ces adjectifs des considérations du type : « peut-être que dans cent ans garçons et filles seront tous égaux, parce que l'éducation des deux sexes est en train de s'uniformiser » ; ou quand elles parlent en même temps de comportement inné et de conditionnements qui découlent de l'éducation familiale, elles reconnaissent que les parents attendent des choses différentes d'un garçon et d'une fille ; après quoi, elles disent que les filles sont « naturellement » portées au mariage et à avoir des enfants, beaucoup plus que ne le sont les garçons. Elles remarquent qu'en classe les garçons ont tendance à rester avec les garçons et les filles avec les filles, et elles considèrent ce fait comme spontané, naturel. Mais celles qui ont pu faire des comparaisons parce qu'elles ont enseigné dans des écoles de secteurs très différents socialement, admettent que le phénomène est beaucoup plus accentué dans les écoles de village et dans les petites villes où les stéréotypes masculin et féminin proposés comme modèles sont bien plus rigides et différenciés. En somme, elles ne font rien d'autre que mettre au jour un phénomène réel qui a déjà toute sa valeur, mais ne le ressentent pas comme un problème éducatif, ne considèrent pas la situation comme pouvant changer, même partiellement, n'essaient même pas, elles qui sont à la place la plus appropriée pour le faire, d'alléger les pressions les plus fortes, d'éliminer les discriminations les plus évidentes.

Prises dans des contradictions manifestes, elles parlent à la fois de « nature masculine et féminine » et de conditionnements familiaux différents pour les deux sexes, mais elles refusent toute responsabilité en déclarant : « Je les traite tous de la même manière ». Elles ne manifestent pas la moindre intention d'essayer, dans les faits, de changer quelque chose. Pour elles, tout est bien ainsi. Elles sont là pour tout autre chose, pour maintenir la discipline par exemple, ou « préparer » les enfants à entrer à l'école proprement dite, essayant de ne pas les laisser dans l'oisiveté totale, quelquefois préoccupées par la didactique et la méthode, mais seulement dans la mesure où cela permet d'obtenir des résultats plus brillants, mais tout à fait ignorantes de ce que les enfants sont ou pourraient être. Elles sont conservatrices, dans tous les sens du terme, et ont tendance à reproduire les schémas éducatifs, les rapports, les valeurs, les hiérarchies telles qu'elles les ont reçus, sans modification, ou avec des modifications qui n'en attaquent pas le fondement.

Dans les meilleurs cas, elles proposent des méthodes didactiques plus modernes, s'efforcent d'être moins autoritaires et d'instaurer des rapports plus démocratiques avec les enfants, mais dans ce qu'elles font, il n'y a pas le moindre effort d'analyse du rapport éducatif et de ce qu'il implique, ni le plus petit souffle de révolution. Ce sont les filles d'une société patriarcale, et ce sont les filles les moins rebelles, celles qui ont pleinement accepté les idéologies de cette société, qui sourient avec commisération quand on leur parle d'émancipation féminine puisque le rapport homme-femme leur convient très bien tel qu'il est et que la seule idée d'y introduire des changements les épouvante. Ce sont des créatures peureuses qui ont choisi une profession qui les maintient à l'abri de tout ce qui peut arriver dans la vie de traumatisant aussi bien que de stimulant et de passionnant.

C'est précisément à l'école maternelle que famille et enseignantes commencent à se renvoyer la balle, en se rejetant tour à tour les responsabilités de l'éducation : dans ce renvoi de fautes vraies ou supposées, on ne tient pas compte de cette faute qui consiste à étouffer l'énergie, la créativité, la vitalité des petites filles, et à favoriser l'agressivité et l'esprit de compétition des garçons. Qu'est-ce que cela signifie ?

Hommes et femmes n'ont-ils pas toujours été profondément différents ? Ils ne le deviennent pas soudainement, à l'âge adulte, mais le sont déjà quand ils sont petits. Et l'on continue à répondre : c'est naturel, ne doivent-ils pas être complémentaires pour s'entendre ? S'ils sont égaux, il y a un danger qu'ils n'aient plus d'attraits l'un pour l'autre. Ils sont différents physiquement, pourquoi ne devraient-ils pas l'être aussi psychologiquement ? Puis, sans faire apparaître les contradictions, les enseignantes acceptent comme une nécessité toutes les limites qu'on impose aux petites filles, car il est entendu que « Cela les aidera lorsqu'elles auront une famille à elles », ou bien « Elles sont plus heureuses ainsi », ou encore « Elles sont plus faibles, et ont davantage besoin de protection », « Les dangers sont plus grands pour les petites filles que pour les garçons » (quels dangers ?).

Effectivement, la première chose qui frappe, quand on entre dans une classe d'école maternelle, c'est de voir les enfants travailler assis à leurs petites tables, ou jouer par groupes du même sexe. Comme ils sont libres de bouger, de changer de place, cela pourrait sembler un choix tout à fait spontané. Quand on leur demande si cette division par sexe est induite d'une quelconque manière, les enseignantes interrogées répondent que justement, c'est tout à fait spontané et qu'elles souhaiteraient au contraire que garçons et filles se mélangent « pour qu'ils apprennent à être entre eux, car alors les garçons sont moins turbulents et agressifs, et les filles moins pleurnichardes ». Cette affirmation correspond à la vérité, dans la mesure où aucune enseignante en effet n'a jamais dû dire « Les garçons doivent s'asseoir aux tables de droite, les filles à celles de gauche » ni « Il est interdit aux garçons de jouer avec les filles », ou vice-versa ; mais d'une manière ou d'une autre, elles communiquent aux enfants la crainte fondamentale qu'ils soient trop nombreux, et trop bien ensemble, crainte qui s'avère être en fait la peur des jeux sexuels. L'objectif de la séparation entre les sexes est atteint de mille manières, mais la première consiste à les considérer comme deux groupes distincts en les mettant souvent en rivalité entre eux et en accentuant les différences de comportement : « Aujourd'hui, les garçons ont été plus gentils que les filles », « Regardez comme les petites filles ont bien rangé », « Comment pouvez-vous toujours faire autant de bruit ? Regardez comme les petites filles sont obéissantes », etc. On a aussi recours à des interventions qui visent à mettre les deux groupes, non seulement en position antagoniste, mais dans des attitudes de crainte et de méfiance réciproques, comme s'ils étaient ennemis et donc incapables de se rencontrer et de se comprendre. « Ne va pas jouer avec les garçons, tu sais bien qu'ils vont te faire du mal », « Tu ne viendras pas te plaindre s'ils te poussent, tu sais bien comment sont les garçons ». Les petits garçons qui voudraient jouer avec les petites filles sont découragés de façon encore plus effficace par la peur du ridicule, on leur fait comprendre que les jeux féminins sont dégradants pour eux : l'objectif est atteint, qui consiste à persuader les garçons que les petites filles sont des êtres inférieurs et méprisables, et à en persuader également les filles. A ce niveau, la séparation est déjà irrémédiable et bien peu d'enfants se risquent à franchir la barrière imposée ; ce n'est pas seulement la critique de l'adulte qui les en empêche, mais aussi celle des enfants de leur âge qui, ayant accepté cette séparation comme une loi, ont à cœur de s'y plier personnellement et de l'imposer aussi à tous les autres par conformisme.

L'observation permet de déceler entre les deux groupes des différences marquées de comportement. Les groupes de garçons sont franchement plus turbulents, plus bruyants, comme s'ils étaient pris dans une agitation continuelle où viennent s'intégrer les diverses activités proposées. Les filles sont plus tranquilles et plus silencieuses, souvent simplement absentes, plus disposées à être spectatrices que protagonistes (de ce qui arrive en classe, de ce que font les garçons). La réaction à ma présence dans les classes est caractéristique.

Les institutrices m'ont plus ou moins présentée comme «une dame qui reste avec nous quelques jours», et, alors que les garçons m'ont accordé une attention distraite, brève, sans commentaires ni questions, comme si l'événement ne les regardait pas, et sont retournés à leurs activités, un chuchotement a parcouru les groupes de filles, une curiosité et une excitation difficilement contenues sont apparues, faites de longues œillades immédiatement détournées pour ne pas croiser mon regard, de commentaires à voix basse sur mes vêtements, sur mon aspect, sur ce que j'étais en train de faire : de vraies commères à leur fenêtre. Certaines abandonnaient sur le champ le jeu qui les absorbait pour me contempler, le menton dans dans la main, d'autres rôdaient autour de moi sans but apparent, sinon celui de m'aborder par la suite, après de longs détours dans la classe pour m'observer de près et pour se mettre dans le champ de mon regard. Dans ce cas précis, la différence fondamentale de comportement entre garçons et filles était que les premiers ne se posaient pas du tout le problème de me plaire ou non, ni de vérifier leur succès auprès de moi, tandis que les secondes étaient poussées à abandonner ce qu'elles faisaient (à quelques exceptions près, qui se sont justement révélées être des petites filles «différentes», c'est-à-dire beaucoup moins «féminines», plus intelligentes et autonomes) pour se soumettre d'elles-mêmes à ma considération et à mon approbation. Tout compte fait, elles essayaient de me plaire, et d'obtenir de moi que je le leur confirme. Une fois encore, leur comportement revenait à poser la question : «Quel effet est-ce que je produis ?»

Chez les enfants des écoles de banlieue, certains comportements considérés comme typiques des deux sexes sont beaucoup plus accentués que dans les écoles du centre urbain, et ceci bien évidemment parce que les modèles qu'on leur propose sont beaucoup plus différenciés, nets, définis, et bien plus limités. Par exemple, les garçons jouent les « petits durs », ils font des gestes de menace et de défi, les petites filles se dandinent en marchant, se tiennent les mains sur les hanches, secouent leur chevelure, passent des heures à se faire des tresses les unes aux autres, elles parlent longuement avec des airs complices et satisfaits de vêtements et parures variés, s'attardent sur les descriptions dont elles tirent un plaisir narcissique évident, elles savent déjà soustraire une partie de leur énergie et de leurs intérêts à la réalité extérieure pour les concentrer sur les aspects extérieurs de leur propre personne, puisqu'elles ont déjà appris combien l'apparence, la beauté sont importantes pour les femmes. De même, l'intérêt pour autrui, apparemment plus vif que celui des garçons, n'est en fait pas une curiosité réelle, mais un besoin d'examiner les différents modèles pour imiter ceux qui semblent les plus désirables. En définitive, c'est la manifestation d'un manque de confiance en soi et d'un besoin d'être continuellement rassurées. Précisément parce que le moi des petites filles est plus faible (on leur accorde une autonomie moins grande, on attribue moins d'importance aux individus de leur sexe, on leur demande moins de se réaliser), elles ont besoin d'une confirmation continuelle venant de l'extérieur, pour savoir si elles répondent ou non à l'attente des autres.

La séparation par le sexe :
les petites filles au service des garçons

Dans les écoles maternelles traditionnelles, avant de manger au milieu de la matinée, intervient le rite des cabinets. Tous les enfants, qu'ils en aient ou non envie, sont accompagnés pour aller faire pipi, et le rite commence avec l'annonce faite par la maîtresse : « Les enfants, allons aux lavabos, tous en rang par deux, les filles d'abord, les garçons derrière », et dans la classe se forme un rang d'enfants séparés selon le sexe. La file se déplace dans le couloir, vers la porte des lavabos, et l'on envoie les enfants faire pipi, toujours deux par deux et par sexe. Les petites filles par deux, jusqu'à ce qu'elles soient toutes passées, et les petits garçons par deux de la même manière. Après les cabinets, le goûter puis la sortie dans le jardin pour la récréation. Le rang se forme à nouveau en classe, selon les mêmes règles, et s'éparpille dans le jardin où, à quelques exceptions près, les enfants jouent par groupes séparés selon le sexe.

Lorsque les enfants d'une classe, pour quelques mois ou quelques années, sont artificiellement divisés, il leur devient impossible de ne pas se sentir classés dans un groupe, de ne pas faire de cette continuelle division, quotidiennement répétée, une loi de fer à laquelle on ne doit pas se soustraire, d'autant plus qu'elle leur sera imposée ou suggérée directement ou indirectement par mille autres faits de leur vie quotidienne.

Après l'âge de trois ans, ils commencent effectivement à se sentir mieux à leur aise avec des enfants du même sexe, car ils ont été élevés d'une manière si opposée qu'ils *sont* effectivemnt différents et ne trouvent pas de manière satisfaisante d'être ensemble. Ils se plaignent tour à tour de leurs défauts respectifs, et se trouvent insupportables à tour de rôle. Ils ne se retrouveront qu'après la puberté, mais ce sera le seul élément qui les unira, car pour mille autres raisons, ils continueront à ne pas se comprendre, à se sentir étrangers l'un à l'autre.

Le besoin de cataloguer à tout prix les êtres humains utilise toujours la division la plus élémentaire, la plus évidente (le sexe, la race, l'âge, la religion, etc...), celle qui a toujours été admise par une tradition millénaire. La première catégorie, la plus fondamentale, est celle du sexe : elle est une forme de racisme, mais elle a une telle apparence de naturel qu'elle ne permet aucun soupçon sur son injustice et sa fausseté. Bien loin d'être un fait naturel, c'est au contraire un fait culturel, indispensable pour laisser intacts certains privilèges reconnus à celui qui a établi et a perpétué inexorablement dans le temps cette discrimination, à savoir l'homme, avec bien sûr la complicité et l'acceptation passive de la femme.

«Imaginons qu'une société ait classé les personnalités humaines sur la base de la couleur des yeux plutôt que sur celle du sexe ou de la race, et que cette société ait établi que tous les individus ayant les yeux bleus sont gentils, soumis, sensibles aux besoins de leur prochain, et tous les individus ayant les yeux noirs sont au contraire dominateurs, arrogants, égocentriques, arrivistes... ·

Les individus souffriraient cependant toujours d'une mutilation de leurs choix selon leur tempérament, puisque les comportements qu'on leur apprendrait dépendraient d'une donnée hypothétique, la couleur des yeux. Toutes les personnes ayant les yeux bleus seraient tenues d'être soumises, et passeraient pour déviantes si elles présentaient des traits de caractère admis seulement chez les personnes ayant les yeux noirs. *Mais dans cette société fondée sur la couleur des yeux, on ne pourrait pas constater cette perte plus grave qu'aucune autre que subit la société du fait de cette classification de la personnalité en fonction du sexe.* Il n'y aurait pas de distorsion des rapports humains, particulièrement de ceux qui sont liés au sexe.

Mais une solution de ce genre - substitution de la couleur des yeux au sexe comme base de l'éducation donnée aux enfants impliquant leur appartenance à l'un des deux groupes de personnalités opposées - ne serait rien d'autre que la parodie de toutes les tentatives faites par la société humaine au cours de son histoire pour définir l'appartenance des individus en termes de sexe, ou de couleur, ou de date de naissance ou de forme du crâne.»[5]

Comme nous l'avons dit, on conditionne les femmes à aimer se mettre au service des hommes, et cela doit commencer à temps pour donner ses fruits. Ce conditionnement est extrêmement précoce dans la famille. Il se trouve renforcé et stabilisé à l'école maternelle.

Voyons quelques exemples. Le petit goûter du milieu de la matinée illustre bien l'automatisme avec lequel les institutrices et les enfants eux-mêmes obéissent à certains schémas déjà assimilés par les uns et les autres. Théoriquement, chaque enfant devrait aller prendre son petit panier, étendre sa serviette sur la table à l'endroit qu'il a choisi, et y disposer son petit repas. En pratique, peu de garçons le font, la plupart d'entre eux prennent leur temps, flânant d'un endroit à l'autre, alors que les petites filles disciplinées vont prendre leur petit panier et s'assoient à leur place pour manger. La maîtresse incite les garçons à en faire autant, et répète son invitation à plusieurs reprises, mais l'attente se prolonge, le désordre continue, et au lieu de laisser les choses se faire et d'accepter qu'un enfant trop peu autonome et pas assez affamé pour faire tout seul le nécessaire se passe sans grand mal de son repas, elle recourt à une solution plus simple et plus pratique pour elle : elle charge une ou plusieurs petites filles d' « aller chercher les petits paniers de Claudio, Stefano, et Paolo, ainsi ils s'assiéront peut-être et nous aurons tous la paix ». Dans cette attitude de la maîtresse, il y a une indulgence implicite envers les garçons : « Il faut les prendre comme ils sont ». Les petites filles ne se font pas prier : elles ont déjà eu à la maison d'innombrables exemples de la manière dont on rend la vie plus facile et plus agréable aux garçons de la famille. La mère ou les sœurs se mettent en quatre pour que la table soit mise au bon moment, on leur a demandé des milliers de fois, si jamais elles se montraient récalcitrantes, de se conformer à cet usage, et on leur a expliqué que c'est seulement en servant l'homme qu'un beau jour elles seront choisies par lui. Les louanges sont leur seule récompense, l'effet qu'aura leur comportement les préoccupe constamment et elles ont un besoin énorme d'être aimées et acceptées car elles sont déjà conscientes de leur infériorité. Elles doivent plaire, c'est un impératif. La maîtresse, de son côté, évite d'intervenir en faisant elle-même ce que les garçons se refusent à faire ou font à contre-cœur, car cela porterait atteinte à son autorité, mais elle s'en tire en s'appuyant sur les petites filles. Personne ne se scandalise pour si peu. Le racisme sous-jacent à un tel comportement passe tout à fait inaperçu. Les mêmes personnes qui sont très sensibles à d'autres aspects du racisme restent imperturbables en face de ce comportement typiquement raciste qui veut qu'un être considéré comme inférieur se mette au service d'un autre considéré comme supérieur. Transformons la proposition, et supposons que dans une classe d'enfants de trois à cinq ans il y ait des enfants noirs et des enfants blancs, et qu'il se produise la même situation : la maîtresse demande aux enfants noirs, dociles et soumis, de mettre la table pour les enfants blancs. Chacun serait horrifié par cette idée.

Réfléchissons maintenant au racisme qui règne en Italie, et imaginons que la même chose se passe dans une classe composée d'enfants du Midi et du Nord. Inévitablement, les enfants des deux groupes en tireraient la conviction qu'ils sont dissemblables, que les adultes ne désirent pas qu'ils restent ensemble, et qu'ils attendent d'eux des comportements différenciés.

Le fait que les petites filles se prêtent à des services utilitaires dont les garçons bénéficient se répète chaque fois que se pose la nécessité de faire de l'ordre ou de ranger le matériel utilisé en classe (alors que la charge de le distribuer est volontiers assumée par les garçons, car elle leur confère une autorité). Parfois la maîtresse ordonne expressément aux petites filles de « remettre en place les jeux de construction ». D'autres peuvent demander « Qui va remettre en place les jeux de construction ? », et c'est alors que se déclenchent les réflexes acquis : les garçons prennent l'attitude distraite de celui qui est décidé à participer le moins possible à la corvée et qui prend le temps de voir comment cela va se terminer. Si la maîtresse, de temps à autre, exige d'eux qu'ils ramassent le matériel utilisé, ils se lèveront paresseusement dans un grand bruit de chaises, créeront la plus grande confusion possible, mettront beaucoup de temps et oublieront la moitié des choses un peu partout. Le résultat est plutôt décevant : « Ils le font tellement à contre-cœur et si mal que je finis par ne plus le leur demander », avoue une maîtresse. C'est ce que voulaient les garçons, c'est le résultat qu'ils escomptaient. Le besoin qu'a l'institutrice de voir la classe fonctionner et l'ordre y régner repose sur le groupe d'enfants disposés à collaborer, c'est-à-dire les petites filles. La maîtresse, après ces premiers résultats décevants et incompatibles avec sa conception de l'ordre, s'adressera directement aux petites filles, en excluant les garçons. Il suffira que se répète une série d'épisodes de ce genre pour que les petites filles interviennent automatiquement. Cependant, si la maîtresse prenait son courage à deux mains et énonçait clairement que *tout* enfant doit être autonome et ne pas exploiter les autres, elle remporterait la victoire une fois pour toutes en inaugurant une manière plus juste de vivre ensemble en classe.

Ce comportement se reproduit dans d'autres circonstances. Un enfant qui court à travers la classe tombe et se blesse au genou. La maîtresse lui dit d'aller aux toilettes pour se laver et de revenir ensuite pour qu'elle lui mette un pansement, mais en même temps, elle charge une petite fille de l'accompagner, car autrement « qui sait ce qu'Alberto va fabriquer tout seul dans les toilettes », ce qu'elle dit sur un ton assez flatteur pour Alberto (le ton qu'on n'emploie *jamais* pour s'adresser aux petites filles), et qui sous-entend que l'enfant a l'habitude de se livrer à on ne sait quels passe-temps et jeux amusants dans un lieu aussi peu accueillant. Quand je lui demande pourquoi elle n'a pas fait accompagner Alberto par un autre petit garçon, la maîtresse répond que d'elle-même *elle* l'aurait bien envoyé, mais c'est le directeur qui ne veut pas que deux garçons aillent seuls aux toilettes parce qu'ils « finissent toujours par se battre et par troubler les autres classes ». Alors pourquoi ne pas envoyer l'enfant tout seul ? « C'est que je suis plus tranquille si une petite fille y va, *elles* sont avisées et rendent *volontiers* ces petits services, elles se sentent *importantes* ». En fait, les « petits services » demandés se multiplient. « Attache les lacets de Carletto », alors que Carletto pourrait très bien les attacher tout seul si on le poussait à le faire et que personne ne vienne à son aide ; « Donne un mouchoir en papier à Stefano pour moucher son nez, *sa maman a oublié de lui en donner un ce matin* » ; « Va donc t'occuper de ton petit frère qui pleure et mouche-le » ; « Quelle est la petite fille qui va essuyer par terre la flaque d'eau ? » ; « Des pièces de construction sont restées sous la table de Giorgio ; Antonietta, veux-tu les ranger », et ainsi de suite.

Le contraire, c'est-à-dire que la maîtresse charge les petits garçons de rendre de menus services aux filles, est inconcevable. Si nous essayons de renverser les rôles dans ces histoires, nous avons le sentiment de quelque chose de déplacé. On ne demande pas aux petits garçons de moucher leur petite sœur, de nettoyer par terre, de lacer les souliers, etc...

Une petite fille prend deux paniers pour le goûter (les paniers roses pour les filles et les bleus pour les garçons) et s'apprête à mettre la table pour elle-même et son petit frère. Le goûter se compose d'une grosse part de pizza que la petite divise en deux parties inégales, cherchant à garder la plus grosse pour elle. Le petit garçon proteste, il veut tout pour lui, l'institutrice intervient : elle enjoint à la fillette de donner la plus grosse part à son frère « parce qu'il est plus petit ». La petite fille ne relève pas la remarque et commence à manger impassible, mais la maîtresse insiste. Alors la fillette, déçue, change de visage, et sans un mot, prend un morceau sur sa part et le donne à son frère rétablissant ainsi la justice. Le petit se calme enfin. La maîtresse commente : « Tu n'es guère généreuse », et la fillette rougit, montrant combien la remarque l'a touchée. Une fois qu'elle a fini, elle se lève et va ranger son panier alors que son frère n'a même pas eu l'idée d'en faire autant, tout absorbé qu'il est par la lecture d'un illustré. Sur ma demande, la maîtresse va dire au petit frère de débarrasser et de ranger son panier, mais il la regarde comme si elle était devenue folle, refuse d'un « non » catégorique, et se replonge dans sa lecture. Alors la fillette, sans que personne le lui ait demandé, mais interprétant ma demande en ce sens (par besoin de répondre au désir des autres), et encore sous l'influence de la remarque de la maîtresse, débarrasse rapidement et range le panier bleu, avec cet air satisfait que procure la certitude de se sentir approuvée. Spontanément deux petites filles s'emparent d'un seau et commencent à nettoyer les tables sales à l'aide d'une éponge. La première passe l'éponge avec des gestes nerveux et rapides, comme pour faire la preuve de son efficacité ; l'autre décrit lentement des cercles sur les tables, les dents serrées, l'air obsédée, faisant attention à ne pas laisser le moindre centimètre carré de table sec. Le soin scrupuleux d'une enfant phobique. En observant l'activité des fillettes, on a souvent le sentiment que ce n'est déjà plus une fin en soi, comme chez les enfants plus jeunes, ou plus souvent chez les garçons, mais que déjà à ce plaisir de faire, d'agir, de produire, de s'éprouver, s'est en partie substitué le désir de faire plaisir aux autres. Et c'est cela qui ôte à toute activité la part créative qu'elle devrait comporter.

Un petit garçon sort pour aller aux toilettes, et ne referme pas bien la porte qui se met à battre. Une petite fille, après plusieurs regards interrogatifs vers la porte, se lève, décidée, et va la fermer. La maîtresse la remercie. Aucun des garçons n'avait manifesté la moindre réaction en voyant battre la porte.

La maîtresse appelle deux petites filles au bureau pour leur confier le matériel prévu pour le travail de l'après-midi. Elles sont très fières de cette responsabilité, elles retournent s'asseoir à leur place en rajustant leur jupe sur leurs genoux avec de petits gestes saccadés, et échangent un regard de connivence ravi. On dirait deux petites vieilles.

Le conditionnement des fillettes à se mettre au service des petits garçons et des adultes en général et toute pression exercée pour que leur attention ne soit pas distraite mais s'attache à résoudre des problèmes banals, pratiques, contingents, détournent une part importante de leur énergie vitale au profit d'activités communes et donc les soustraient à tout intérêt créatif, au jeu, à toute activité libre qui serait une fin en soi, et à toute réalisation de leur personnalité. L'énergie ne vient pas sur commande, on utilise celle qu'on a. On peut la canaliser dans des directions positives, enrichissantes ou la disperser, la détruire. On peut, du reste, constater ce phénomène chez beaucoup de femmes adultes qui travaillent et qui, malgré l'enthousiasme, la passion et l'ambition qu'elles y mettent, voient toujours une grande quantité de leur énergie bloquée et prise par les soucis ménagers (les courses, l'organisation domestique, que faire à déjeuner ou à dîner, les soins à donner aux enfants ou au mari lorsqu'ils sont malades, etc.), tâches qui leur incombent toutes et que personne n'est disposé à prendre en charge à leur place. Ce va et vient continuel de la pensée et de l'énergie d'un pôle au pôle opposé (que les hommes ne connaissent pas) les empêche de mobiliser toutes leurs forces dans une seule direction. En vérité, il faut qu'elles soient faites avant tout pour servir, et puis, s'il leur reste suffisamment de force, elles peuvent toujours l'employer à se réaliser comme individus productifs.

Pourquoi la petite fille se préoccupe-t-elle de fermer la porte qui bat, alors que le garçon ne s'en aperçoit même pas ? Peut-être est-ce plus amusant et plus intéressant de fermer une porte que de poursuivre un jeu ou un dessin commencé ? Certainement pas. Et comment, sinon par un conditionnement, en arrive-t-on au fait aberrant qu'une petite fille de cinq ans détourne son attention de ce qu'elle fait, pour se lever et fermer la porte dans l'intérêt de tous ? On devrait la blâmer d'avoir abandonné une chose vraiment importante pour une autre qui ne l'est pas ; au contraire, on la remercie, et l'on souligne ainsi sa condition d'infériorité. Il arrive souvent aussi que les petites filles se mettent spontanément au service des garçons, pour les aider dans des jeux auxquels pourtant elles ne participent pas directement. Cette attitude révèle déjà leur intérêt et leur envie pour le monde masculin dont elles se sentent exclues.

Par exemple, une petite fille qui joue avec des éléments de plastique se soucie de temps à autre de malaxer la pâte à modeler qu'utilise son camarade pour la réchauffer et la ramollir. Une autre, sans qu'on le lui ait demandé, se lève et va remplir d'eau un gobelet pour son petit camarade qui fait de la peinture. Une troisième abandonne son travail pour aller consoler un petit garçon qui pleure, elle le prend affectueusement par le cou : « Ne pleure pas Bruno ». Une quatrième se glisse sous la table pour récupérer des éléments de construction. et les rend au petit garçon qui les a fait tomber. Ce serait tellement plus agréable de voir les fillettes et les petits garçons se rendre réciproquement ces services : mais je n'ai encore jamais eu l'occasion de l'observer. L'indifférence des garçons à l'égard de tout ce qui arrive aux filles est totale ; elle est le symptôme de l'égocentrisme que renforce leur éducation, contrairement aux petites filles.

Le comportement des garçons et des filles est également caractéristique lorsqu'ils veulent obtenir quelque chose les uns des autres. Un petit garçon fonce sur un groupe de petites filles, saisit une poignée d'éléments de plastique et soulevant un chœur de protestations féminines, regagne rapidement sa place. Une petite fille, qui a travaillé jusque-là avec ardeur à un jeu de construction, vient à manquer d'éléments de plastique pour continuer, elle s'approche d'un petit groupe de garçons, et, affichant toute une gamme de sourires charmeurs, de minauderies, et de coquetteries, obtient une poignée d'éléments. La maîtresse n'intervient dans aucun des deux cas, elle n'a probablement rien remarqué, mais elle interviendrait peut-être pour réprimer l'agressivité du garçon et non la séduction et l'hypocrisie de la fille.

Le recours à la séduction pour obtenir quelque chose n'est pas seulement accepté de la part des petites filles, mais encouragé, et l'on ne pense jamais à les corriger en leur suggérant une attitude correcte et digne quand elles font une demande.

De même, les interventions destinées à corriger l'agressivité excessive des garçons sont souvent ambivalentes, et révèlent la secrète disposition de la maîtresse à leur égard, mélange subtil de complaisance inconsciente et d'admiration pour l'audace des garçons, qui la séduit elle aussi. Au fond, c'est ainsi qu'elle veut les hommes, décidés et insolents, et elle se réjouit en elle-même de ce que les garçons soient sur la bonne voie.

Federico, bel enfant plein de vie, se voit réprimandé par la maîtresse pour avoir fait un croche-pied à un autre garçon ; cependant, il est le premier à être appelé au bureau lors de la distribution des feuilles de papier à dessin, ce qui revient à lui faire des excuses pour les reproches qu'elle a dû lui faire. Cette attitude contradictoire montre combien on accepte cette conduite masculine classique d'agressivité, qui entre parfaitement dans les normes.

Dans les écoles spéciales à vocation méthodologique, où l'on ne fait aucune différenciation en ce qui concerne les activités offertes aux deux sexes (comme par exemple dans les écoles Montessori)[6], on peut tout de même vérifier certains phénomènes de discrimination plus subtils, mais non moins aliénants : ainsi, la répartition des tâches, quand il s'agit de dresser la table du déjeuner. Dans un bulletin didactique pour « les activités constructives et de vie pratique »[7], intitulé « Servir à table », il est précisé :

> « Dans ce groupe, il y a aussi un *maître d'hôtel,* des serveurs et des serveuses, ces dernières se tiennent debout près de la table, tandis que les *serveurs font la navette* entre les tables, la table de service derrière laquelle se tient le maître d'hôtel, et la cuisine ».

Dans ce cas, le grade le plus élevé dans un travail collectif de ce type est assigné à un homme. Et là où il y a des serveurs et des serveuses, on assigne aux premiers le rôle qui consiste à se déplacer, qui correspond à l'homme actif et qui comporte la plus grande part de responsabilités (il s'agit de plats où sont disposés les mets), et aux secondes le rôle presque immobile, qui renvoie à la femme passive. Et l'on poursuit ainsi : « Chaque serveur, après avoir réceptionné un plat sur son plateau, se dirige vers une table où l'attend la ser-

veuse ». Pour desservir, « le serveur pousse la table rou-
lante », et la serveuse se borne à y déposer les assiettes
sales.

D'accord, ce n'est pas très grave. Mais nous citons ces
faits afin de démontrer que dans les écoles maternelles
où l'on se propose avant tout de respecter l'individualité de chaque enfant, on finit par reproduire, sans s'en
rendre compte, les modèles habituels du garçon actif et
directif, et de la fille passive et subalterne.

Les activités préférées et les activités proposées

Sur le plan des activités préférées par les garçons et
par les filles, les institutrices soutiennent que les différences sont très marquées. Les garçons, par exemple,
aiment davantage les jeux de mouvement, les jeux de
construction, la pâte à modeler, le dessin ; les filles préfèrent coudre, faire des découpages de papier, jouer à la
marchande, mais elles aiment aussi faire de la pâte à
modeler, des jeux de construction et dessiner. Toutefois, on peut discerner là encore des suggestions venant
des enseignantes, bien qu'elles nient toute intervention
pour guider les choix. Par exemple, aux petits garçons
qui travaillent la pâte à modeler ou font des constructions, la maîtresse distribue des figurines de plastique,
indiens, cow-boys à cheval, soldats ou petites voitures,
missiles avec leurs astronautes, etc. La maîtresse n'offre
pas aux petites filles des objets ou des figurines avec
quoi enrichir leurs travaux plastiques ; ou, si elle en

donne, il ne s'agit pas des mêmes objets, mais de vaches, de poules, d'agneaux, de chiens, d'enfants, d'arbres, de barrières. Pour se justifier, l'institutrice prétend que ce sont les enfants eux-mêmes qui préfèrent une chose plutôt que l'autre ; elle le sait et ne fait rien d'autre que satisfaire leur attente. Par exemple, l'activité qui consiste à découper du papier et à assembler des petits cartons n'est pas proposée aux garçons, mais seulement aux filles. L'institutrice n'a rien contre le fait de confier à un groupe de petites filles une grande boîte remplie d'un enchevêtrement de comètes et de guirlandes en les invitant à les démêler, mais évite de proposer la même activité aux garçons : « Ils feraient du joli ! »

Ne parlons pas de jouer à la marchande, jeu qui n'est même pas proposé aux garçons ; dans le cas où un garçon serait attiré par ce jeu, on le décourage franchement d'y prendre part. Il vaut la peine de citer ici l'expérience de Giorgetto, doux garçon d'environ cinq ans, élève d'une institutrice âgée et fatiguée.

Giorgetto est plus sage que de nombreux garçons de sa classe, et que certaines fillettes aussi, il n'est pas particulièrement agressif mais il ne se laisse pas faire. Il travaille constamment, souvent en groupe ou tout seul. L'institutrice déclare que les garçons et les filles aiment bien rester chacun dans leur groupe, que les filles préfèrent les poupées et jouer à la dame, tandis que les garçons préfèrent les petites voitures ou les jeux de construction, que les filles sont toujours évincées par les garçons si elles ont quelque velléité de participer à leurs jeux, alors que bien souvent elles sont tout à fait disposées à ce qu'ils participent aux leurs. Elle déclare pourtant n'être pour rien dans ce phénomène, et proclame qu'elle n'exerce aucune pression ni dans un sens, ni dans l'autre.

La maîtresse invite donc *les petites filles* à former un groupe autour de quelques tables et leur donne le nécessaire pour jouer à la marchande. Les petites filles acceptent avec enthousiasme, le groupe des garçons semble s'en désintéresser tout à fait, sauf Giorgetto ; les mains derrière le dos, le ventre en avant, avec l'air perplexe de celui qui a un grave problème, il les observe à une certaine distance sans oser s'approcher. Bien qu'il meure d'envie de participer au jeu des petites filles, il sait déjà, sans doute pour en avoir fait l'expérience ou l'avoir observé auparavant sur les camarades, que ce jeu n'est pas considéré comme un jeu de garçon. Cependant, il ne peut s'empêcher d'être irrésistiblement attiré, de sorte qu'il s'approche de la maîtresse et, d'une voix si étouffée qu'elle ne comprend pas et doit lui faire répéter sa question, il lui demande s'il peut jouer avec les filles. « Avec les filles ? ! ? » répond la maîtresse, scandalisée et stupéfaite. Elle saisit l'enfant par les épaules, comme prise d'une honte et d'une pitié subites pour lui et le serre contre elle. L'enfant rougit, visiblement en proie à un grand malaise, et cherche à s'en tirer avec dignité, en précisant d'une voix incertaine : « Mais je voulais être le fournisseur. »

Il s'agit d'un compromis auquel il s'accroche, qui lui permettrait de participer au jeu des petites filles dans un rôle qui passe pour être masculin. Son petit visage tourmenté reflète clairement l'effort que lui coûte cette tentative de sauver la face, qui lui permettrait de conserver sa propre estime, celle de la maîtresse, et surtout celle du groupe, à laquelle il tient probablement davantage qu'à celle de l'institutrice. Mais elle reste obstinément prisonnière de ses structures mentales qui l'obligent à se débattre dans une situation toute simple qu'elle a elle-même embrouillée. « Elles ont déjà leurs fournisseurs », répond-elle à Giorgetto. « Alors c'est moi qui apporte les œufs », insiste courageusement Giorgetto. La maîtresse jette un rapide coup d'œil vers moi, spectatrice au visage impassible. J'ignore quelle conclusion elle tire de mon expression, le fait est qu'elle dit, soupirant avec un petit rire embarrassé et sur le ton de quelqu'un qui ne s'attend pas seulement à un refus, mais le sollicite : « Les petites, Giorgetto veut jouer avec vous, il veut être le fournisseur. » Les petites filles qui n'ont manifestement pas perdu un mot du dialogue, tout en donnant l'impression d'être occupées à peser des pois chiches, des petits pois et du riz, ne daignent pas accorder la moindre attention à leur pauvre camarade.

Giorgetto est au bord des larmes, mais sa gentillesse apparente doit cacher une grande obstination, car il s'approche du groupe des fillettes et attend, les mains dans les poches de son tablier. Les petites filles continuent à l'ignorer, il est sur le point de s'effondrer, esquissant un pauvre sourire, sautillant d'un pied sur l'autre, triturant le fond de ses poches. Enfin une petite fille s'adresse à lui sur un ton autoritaire : « Monsieur le fournisseur, il me faut des pommes de terre. »

Giorgetto, désormais résigné au pire, sursaute de surprise et de joie, et vole vers le fond de la classe d'où il revient à toute vitesse, les mains chargées de pommes de terre imaginaires.

L'institutrice passe près de moi et commente : « Vous avez vu comme il est difficile de les faire jouer ensemble ? Ils ne veulent vraiment pas », inconsciente d'avoir elle-même tout provoqué et convaincue au contraire d'avoir démontré qu'il s'agit d'un phénomène spontané.

Le cas de Giorgetto ne doit pas être vu comme celui d'un petit garçon au caractère doux qui, aux jeux agressifs de son sexe préfère ceux des filles, plus tranquilles. Dans certaines écoles, comme par exemple les écoles Montessori, où l'on propose les mêmes activités aux deux sexes : repasser, faire la lessive ou la vaisselle, balayer, mettre le couvert, ceux qui ont pu observer les activités des enfants ont certainement remarqué que garçons et filles choisissent ces activités avec le même enthousiasme, sans que cela donne lieu pour autant à des conflits et encore moins à des déviations sexuelles.

Une autre institutrice donne un ordre : « Les filles, allez chercher les dessins que nous avons faits hier matin ». Paolo, qui de toute évidence n'a saisi que la fin de la phrase, et n'a pas entendu à qui elle s'adressait, suit le groupe des petites filles. Mais la maîtresse en riant se moque de lui : « Paolo, es-tu une fille toi aussi ? alors nous allons te mettre un ruban dans les cheveux ». Le pauvre Paolo devient écarlate, baisse la tête, confus, et retourne à sa place où il reste longtemps assis, silencieux et perturbé. Les petites filles le regardent en ricanant, les garçons éclatent de rire. A cause du commentaire de l'institutrice, Paolo a perdu une grande partie de son prestige masculin, il s'est déclassé, et les filles, en se moquant de lui pour son erreur, reconnaissent implicitement leur infériorité.

Peu après, Paolo pleurniche, un camarade lui a pris un élément de construction : sans doute n'aurait-il pas cédé aussi honteusement aux larmes s'il n'avait subi la frustration précédente ; mais deux échecs en quelques minutes, c'est trop. La maîtresse, implacable, le harcèle : « Mais qu'est-ce que c'est que ce garçon qui pleure, tu n'es même pas capable de le reprendre ? » Et alors, Paolo, écrasé d'humiliation, se fait tout petit sur sa chaise ; il restera sans rien faire toute la matinée, par peur bien sûr de s'exposer à nouveau.

Les exemples d'intervention des institutrices, afin que garçons et filles choisissent des activités « convenables » et que la discrimination et la division entre les sexes se perpétuent, pourraient se multiplier à l'infini.

A une institutrice qui déclare qu'elle respecte complètement le choix des enfants, je demande de quel matériel elle ferait bénéficier la classe si on mettait une certaine somme à sa disposition. Elle répond qu'elle aménagerait un coin de la classe en cuisine, pour que les fillettes puissent avoir leur petit coin bien à elles. Puis après un moment de réflexion, elle ajoute que, si les garçons voulaient y aller, cela ne la *gênerait pas.*

« A votre avis, les garçons n'aiment pas cuisiner ? »

« Si, bien sûr, mais pas quand ils sont petits. Ils ne le *font* jamais (on ne sait pas ce qui lui permet de faire cette déduction). Mon père est très bon cuisinier, alors que ma mère fait très peu de cuisine. *Mais il a appris quand il avait déjà un certain âge.* »

On sent dans ses paroles la crainte qu'en permettant aux petits garçons de se risquer à des activités domestiques, elle ne les expose à perdre leur virilité, mythe inattaquable auquel on est prêt à sacrifier le bon sens le plus élémentaire. Quand ils seront grands, ils pourront, s'ils en ont envie, cuisiner tant qu'ils veulent, de toute façon, ils feront toujours la cuisine « en hommes » (ce qui signifie lorsqu'ils en auront envie, en ayant recours à l'aide des femmes de la maison pour les aspects déplaisants de la chose) ; et à ce moment-là, leur virilité sera établie depuis longtemps. De toute manière, les institutrices n'y seront plus pour rien. Mais à présent, leur devoir est de veiller à en faire de « vrais hommes ».

Une institutrice distribue aux garçons et aux filles des éléments de plastique, de formes, de couleurs et de dimensions variées. Les garçons assemblent des formes très articulées, avec lesquelles ils simulent un avion en vol en imitant le vrombissement du moteur ; ou bien ils en font des automobiles qu'ils lancent comme des bolides sur les tables, et ils montrent leurs productions à la maîtresse en déclarant : « C'est un jet, c'est une Ferrari, c'est Apollo XIII ». Quand une petite fille construit une structure complexe et magnifique qui ne diffère pas du tout de celles des garçons, et la montre à la maîtresse, cette dernière, sans attendre son interprétation ni la lui demander, lui dit : « C'est bien, c'est un enfant ? » Alors que cela ressemble à tout sauf à un enfant. La petite reste un moment perplexe, regarde l'objet qu'elle a dans la main et qui pour elle représente probablement tout autre chose (mais on ne lui a pas donné le temps de le dire) et répond oui. La fillette apprend non seulement qu'on attend d'elle qu'elle ne fabrique que des enfants, des landaus, des cuisines et autres, mais que si elle se risquait à construire un avion, par exemple, la maîtresse la verrait d'un œil soupçonneux, et avec elle, le groupe des petites filles et celui des garçons. Qui aurait le courage de supporter ce regard? Quand on se sent appartenir au « deuxième sexe », il faut beaucoup de force et d'assurance pour soutenir la critique de tous, et l'on se conforme donc à ce qu'on attend de vous : on fait, on dit, on se comporte selon le désir des autres. Quand la petite fille passe près de moi tenant sa structure de plastique coloré, le visage encore soucieux et perplexe, je lui demande : « Qu'est-ce que c'est ? ». Elle me répond, incertaine : « Je ne sais pas ».

Il n'est pas besoin d'expliquer à quel point cette intervention réductrice de l'adulte, qui se répète en mille autres circonstances et de mille autres manières, est une entrave à la créativité, bien difficile à briser.

Dans une classe, l'institutrice propose, comme solution à un moment difficile, de jouer au « loup et l'agneau ». Deux enfants se poursuivent : celui qui fuit est l'agneau, celui qui le pourchasse est le loup. Au commandement de la maîtresse, les deux rôles doivent s'échanger. La maîtresse fait asseoir tous les enfants sur deux rangées de chaises face à face, divisant encore une fois les petites filles et les garçons. Elle appelle d'abord deux garçons, puis deux autres. Les petites filles sont les spectatrices silencieuses des prouesses masculines, quelques-unes, tendues et attentives, suivent la partie, d'autres bavardent à mi-voix ; l'une refait soigneusement les nattes d'une camarade. On appelle le troisième couple de garçons. A ce moment, le message transmis par l'institutrice ne laisse aucun doute : c'est bien un jeu de garçons. Malgré cela, une petite fille aussi courageuse que l'avait été Giorgetto s'avance et demande à la maîtresse de courir avec Pierluigi, elle veut être le loup. La maîtresse se met à rire, stupéfaite, s'exclamant : « Mais, tu es une fille, tu ne peux pas poursuivre un garçon ? », la fillette regagne sa place, désappointée. Enfin, après une série de couples de garçons, elle fait courir deux petites filles moins rapides que les garçons mais plus habiles et plus rusées dans les parades et les feintes ; pour finir, elle décide de faire courir un garçon et une fille. La petite fille, en l'occurrence, en sort vaincue, mais il aurait été plus juste que, dès le début du jeu, chaque enfant choisisse son loup et son agneau en toute liberté. Chacun aurait probablement choisi d'instinct son partenaire, en évaluant ses propres forces et celles de l'adversaire.

En menant le jeu comme elle l'a fait, séparant les enfants selon le sexe, obligeant les petites filles à être spectatrices d'un jeu actif, la maîtresse sous-entendait qu'il fallait le considérer comme un jeu masculin. En opposant un refus à la seule petite fille assez hardie et assez courageuse pour oser se mesurer avec un garçon, en proposant aux petites filles de jouer à la fin, comme si elle leur faisait une concession et les prenait pour des incapables, en manifestant pour finir son propre désir, ouvertement, l'institutrice reproduisait une fois de plus les interventions aliénantes que nous avons examinées jusque-là. Une fois de plus, le fait d'appartenir à un sexe plutôt qu'à l'autre a servi de critère pour établir *a priori* la capacité et l'aptitude des uns et des autres.

Il ne faut pas négliger un aspect très important de ce jeu, comme de tant d'autres : l'identification que vivent les enfants avec le personnage interprété. Le libre choix de l'un ou l'autre des personnages par les enfants, le loup ou l'agneau, le chasseur ou le chassé, le faible ou le fort, leur permet de mettre en acte certains de leurs problèmes inexprimés et de les dépasser. Pendant le jeu, l'expression terrorisée de l'enfan-agneau-pour-chassé, et l'air féroce de l'enfant-loup-chasseur étaient explicites. Ils vivaient le rôle de la victime, ou celui de son persécuteur, tous deux correspondant à un besoin profond chez l'enfant de surmonter à travers la dramatisation du jeu, certaines craintes, certaines angoisses ou pulsions agressives et sadiques sur un mode inoffensif qui n'en était pas moins libérateur. En ce qui concerne les petites filles, pourquoi ne pas avoir laissé, à celles qui pouvaient ressentir le besoin d'affirmer une certaine agressivité et une certaine activité, la possibilité de s'identifier en toute liberté au personnage du loup ? C'est cette liberté qu'on devrait accorder : celle de choisir à partir de ses besoins personnels, singuliers, au lieu d'exiger des enfants qu'ils adhèrent de force à des modèles stéréotypés produits par notre culture, et sacrifient, *sans que ce soit dans un but positif* des qualités et des énergies humaines précieuses, qui peuvent appartenir indifféremment à l'un ou l'autre sexe.

Les dessins apportent une confirmation

L'examen d'un nombre considérable de dessins recueillis dans diverses écoles maternelles révèle très clairement, dès l'âge de cinq ans, l'existence d'un monde « féminin » et d'un monde « masculin ». Les institutrices qui ont recueilli ces dessins, fruit d'une activité quotidienne, en ont noté en marge le contenu, tel qu'il a été donné par les enfants eux-mêmes.

Les dessins des petites filles racontent presque exclusivement des faits liés à la vie familiale quotidienne, il n'apparaît que peu de personnages accomplissant des gestes insignifiants : ce sont des mamans qui rentrent à la maison pour faire la cuisine, des petites filles qui vont porter des œufs à leur grand-mère malade ou en bonne santé, qui vont se promener sans but, qui vont faire une prière à l'église ou jouer chez une petite camarade, ou encore cueillir des fleurs pour les offrir à leur maman, d'autres petites filles chantent des comptines ou font la ronde, retournent à la maison pour rejoindre leur petite sœur ou parce qu'elles ont retrouvé le chat, jouent à cache-cache, etc... La maison est toujours présente, toujours au premier plan : elles y sont, elles viennent d'en sortir, elles vont y rentrer. La mère aussi est souvent présente, alors que le père apparaît plus rarement.

Les dessins d'imagination, relativement rares, sont inspirés de toute évidence par des légendes qu'elles ont entendu raconter : la sorcière qui donne la pomme empoisonnée à Blanche-Neige, les fleurs qui se sont épanouies dans la maison des fées, le Père Noël qui apporte des cadeaux aux enfants... Un monde très étriqué, suffocant, une vie familiale on ne peut plus pauvre en événements, et un univers fantastique et fabuleux tout aussi pauvre. L'ensemble de ces dessins a la saveur d'une chronique fidèle des journées de ces petites filles, journées réglementées par les habitudes familiales qui sont elles-mêmes réglementées par les habitudes du groupe social dans lequel elles vivent.

Parmi les dessins recueillis, ceux dont le contenu est le plus pauvre, le plus monotone, sont ceux qui sont faits par les petites filles qui habitent les banlieues. Dans ces familles, les petites filles, en dehors de la fréquentation de l'école maternelle (où elles se rendent généralement accompagnées par leur mère bien que les distances soient dérisoires et les dangers presque inexistants), sont gardées à la maison « pour tenir compagnie à maman ». Dès cet âge, elles l'aident dans ses tâches, elles sortent très rarement non accompagnées, leurs sorties se limitent à des courses insignifiantes dans des magasins proches de la maison et le temps leur est compté. Elles sortent rarement sans leur mère, et si on leur permet d'aller jouer dehors, c'est en leur recommandant de ne pas s'éloigner de la maison, elles ne fréquentent pas de groupes, même composés uniquement de petites filles, mais vont deux par deux, avec leur sœur ou une petite camarade. Il est impensable qu'on leur permette de jouer dans des groupes mixtes, et d'ailleurs les garçons les refuseraient. Les garçons sont infiniment plus libres : au même âge, ils ont leur bande et s'éloignent souvent de la maison sans surveillance, et sans que cela cause du souci. Leur participation à la vie familiale, en ce qui concerne l'aide dans les tâches ménagères ou les commissions, est nulle : on ne leur demande rien de tout cela.

La plupart des dessins des petites filles ont pour sujet des personnages féminins, mais plus d'un tiers représente des personnages masculins, les événements sont alors beaucoup plus riches et attrayants. Quand il se produit quelque chose d'un tout petit peu insolite, les protagonistes sont des garçons. Ce sont par exemple le père et le fils qui vont au bar boire un café, les paysans qui ramassent les pommes, les pêcheurs qui partent en mer, un cow-boy à cheval, un agent de police réglementant la circulation, un papa qui promène son enfant (un garçon, naturellement) dans un landau, deux enfants (des garçons) qui ouvrent un parapluie parce qu'il va pleuvoir. Non seulement les événements les plus insolites et les plus passionnants ne sont vécus que par les garçons, mais ils ont lieu hors des murs domestiques. Nous n'avons trouvé qu'un seul cas, parmi beaucoup d'autres, où une petite fille représente un bateau dans un port et une dame qui attend d'embarquer pour partir. Il n'était jamais arrivé à l'institutrice de voir une petite fille dessiner un bateau, et de plus avec une dame (une femme !) s'apprêtant à embarquer. Elle en était restée stupéfaite. La petite fille, auteur du dessin, est certainement une exception. Même si, dans les dessins de petites filles, on voit des agents de police régler la circulation, et des maçons réparer les toits des maisons (puisque ces aspects de la réalité extérieure sont aussi perçus par elles, car, malgré leur vie beau-

coup plus sédentaire et casanière, elles ne sont ni aveu-
gles ni sourdes), elles les perçoivent comme des étrangers, elles savent qu'ils n'appartiennent pas à leur vie
et n'y appartiendront jamais. Elles se bornent à les
décrire, aucune d'elles ne peut imaginer devenir agent
de police ou maçon, elles ne s'identifient donc pas à ces
modèles. Les petites filles délèguent au garçon tout ce
qui ne leur est pas permis de faire du fait de leur condition féminine, les dessins sont à cet égard une chronique tout aussi fidèle de la réalité.

Le phénomène inéluctable de l'identification à la
mère, elle aussi sourde et aveugle à tout ce qui n'est pas
la maison et la famille, intervient comme un facteur
puissant pour distinguer ce qui doit être ou ne pas être
désiré.

Les sujets des dessins faits par les garçons sont beaucoup plus riches et variés que ceux des petites filles ;
rarement liés à la vie domestique, la plupart d'entre
eux décrivent des scènes de la vie qui ont pour protagonistes des routiers, des policiers, des ouvriers, des
voleurs, des agents de police, des pêcheurs, des cher-
cheurs d'or, des automobilistes, des maçons, des
indiens, des bergers, mêlés à des personnages imaginaires tels que les princes, les magiciens, les fantômes.
Dans ces dessins, les personnages féminins sont très
rares, de temps en temps apparaît discrètement une
mère qui cherche sa petite fille, coud des vêtements
pour son petit garçon ou accompagne son fils à l'école.
Deux petites filles : l'une rentre chez elle pour manger
des fruits (elle aussi va à la maison, que pourrait faire
d'autre une petite fille ?), l'autre joue à la ronde. Un

seul dessin représente une femme qui est descendue de voiture et va au travail. Ce dessin unique, isolé, d'une femme qui *va* travailler, à côté de très nombreux dessins d'hommes *au travail*, est significatif de la manière dont les petits garçons et les petites filles perçoivent le travail féminin. Pour eux, il n'existe pas. Il semblerait que ces enfants de quatre ou cinq ans n'accordent qu'un minimum d'attention au monde féminin, puisque quelques dessins seulement représentent des personnages féminins, mais à regarder de plus près le nom des auteurs de ces quelques dessins, on s'aperçoit que c'est toujours le même enfant qui les a faits. Lui aussi constitue évidemment un « cas ». Les dessins des petites filles représentant des personnages masculins en train de jouer, situent l'action de préférence hors de la maison, de même pour les garçons. Mais, alors que les jeux des petites filles se cantonnent rigoureusement dans les limites permises, ceux des petits garçons se déroulent le plus souvent dans des lieux pas très orthodoxes. Un petit garçon joue à la guerre en lançant des cailloux, un autre se fait un jeu de piétiner les fleurs.

Le type de jeux des garçons est souvent défini avec exactitude : les petits garçons jouent aux gendarmes et aux voleurs, le petit garçon se cache derrière un arbre, deux petits garçons vont jouer sur le terrain de football, jouent « à chat », rivalisent aux flippers, deux frères jouent à « cache-cache » dans un pré, un petit garçon fait marcher son train dans le jardin, un autre va jouer avec des cailloux dans le jardin, deux petits garçons font une partie de ballon. A la maison, les jeux sont tout aussi définis : petites voitures, soldats de plomb, constructions ; un petit garçon a construit une maison, deux autres jouent « à l'avion ». Pas la moindre trace de garçons et de filles jouant ensemble.

Dans les dessins des petites filles, le thème du jeu revient avec beaucoup moins de fréquence : c'est que les petites filles jouent moins que les garçons. Même dans leurs dessins, les jeux sont nettement définis si les protagonistes sont des garçons, alors qu'ils deviennent vagues et indéterminés s'il s'agit de petites filles, probablement parce que les jeux des petites filles imitent en grande partie la vie familiale (jouer à la dame). Les garçons jouent de préférence « avec quelque chose », les petites filles jouent « à quelque chose ».

A travers ces dessins, on comprend comment les petites filles se perçoivent elles-mêmes, comment elles voient les garçons et la réalité qui les entoure. Alors que les petits garçons ignorent presque complètement les petites filles, ces dernières au contraire les observent en spectatrices, tantôt envieuses de leur liberté, de leurs prouesses, de leur suprématie, tantôt indifférentes, car déjà parfaitement adaptées à leur condition. Cette attitude, qui se révèle dans les dessins, confirme ce qu'on avait déjà remarqué à l'école maternelle.

Si les garçons ne font pratiquement pas attention aux filles et ont un mépris implicite pour elles, l'attention des filles pour les garçons est très grande et sous-entend de l'admiration et de l'envie.

A cinq ans, tout est donc joué, l'adéquation aux stéréotypes masculins et féminins est déjà réalisée. Le garçon agressif, actif et dominateur est déjà modelé. Il en va de même pour la fille, soumise, passive et dominée. Mais alors que le garçon s'est trouvé contraint de s'adapter à un modèle qui non seulement lui permet, mais l'oblige à se manifester et se réaliser le plus possible, ne serait-ce que dans le sens de la compétition, du succès, de la victoire, la fille, elle, a été contrainte à prendre la direction opposée, autrement dit celle de la non-réalisation de soi. Du fait de ce conditionnement réducteur, la plus grande part de son énergie vitale se trouve freinée, bloquée, puis déviée vers un « masochisme féminin », malsain, processus qui, selon Hélène Deutsch, est indispensable pour que se réalise une « véritable féminité ». Les femmes ont détruit leur propre créativité, dissimulé et mutilé leur intelligence, elles se sont enfermées dans la misère de la répétition quotidienne d'événements mesquins, se détruisant elles-mêmes pour le « plaisir » de se mettre au service du mâle. Le maximum de protection et de sécurité sont la fausse contrepartie de ce qui leur a été soustrait. En échange du renoncement et de la soumission, elles n'ont reçu que le sous-développement.

Il est naturellement beaucoup plus facile d'obtenir un conditionnement satisfaisant quand on a affaire à un individu de sexe féminin qui est d'ores et déjà nanti d'une constitution physique faible en énergie vitale ; comme le conditionnement entre en jeu dès les premiers jours de la vie, il ne reste qu'à mesurer la qualité et la quantité d'énergie qui sera inhibée ou déviée pour toujours, et à cette période précise.

O. Brunet et I. Lézine révèlent, dans leurs recherches

déjà citées[8], que les petites filles hypertoniques (colé-
reuses, agitées, très remuantes, actives, indépendantes)
conservent ce tempérament jusqu'à l'âge de quatre ans,
ce qui coïncide avec leur entrée à l'école maternelle. On
peut constater à cette occasion que si elles continuent à
se montrer turbulentes chez elles, elles sont capables de
concentrer longtemps leur attention à l'école et peuvent passer pour des petites filles tout à fait timides et
appliquées. L'examen psychologique de leur comportement en classe révèle qu'elles sont inhibées, rnania-
ques, scrupuleuses. Il est évident que, pour la plupart
d'entre elles, les pressions exercées à l'école maternelle
sont trop pénibles parce qu'elles viennent en même
temps de l'institutrice, de la structure même de l'école
et du groupe d'enfants du même âge. De plus, ces pressions exigent que les petites filles se conforment rapidement et totalement à ce qui leur est demandé, sous
peine d'éprouver un état de tension insupportable. Le
fait est qu'à cinq ans très peu de petites filles ont réussi,
si l'on peut parler de réussite dans le conditionnement,
et ont su miraculeusement conserver une bonne dose
d'énergie vitale, d'originalité, de créativité, d'indépendance, d'autonomie, de fierté et de dignité.

« Quand crois-tu que je serai assez grande pour aller
en promenade toute seule sans personne ? » me demandait une petite fille qui n'avait pas encore quatre ans et
m'avait suivie pour faire une promenade dans un bois
proche de chez elle. « C'est tellement ennuyeux de toujours aller se promener avec les grandes personnes ».
Cette enfant, d'une intelligence remarquable, arrivait
encore à rêver de promenades aventureuses et solitaires,

mais pour combien de temps encore ? Combien de petites filles, au même âge, ont encore de l'imagination, de la vitalité, un besoin de s'affirmer, et assez d'autonomie pour voir leur avenir comme une conquête du monde qui les entoure ? Combien d'entre elles n'a-t-on pas déjà conditionnées, avant même que ces désirs surgissent dans leur esprit, au point qu'elles n'éprouvent même plus la fascination pour cette aventure qu'est la vie ?

Indépendance et créativité.

Chez les petites filles de six ans, âge de l'entrée de l'école primaire, la créativité est définitivement éteinte. Peu d'entre elles en conservent encore une faible trace, et même celles-là auront à surmonter l'écueil de la puberté, la rencontre affective avec l'autre sexe, et le dilemne qui s'en suit : la réalisation de soi en tant qu'individu et la soumission aux demandes explicites de « féminité » de la part des hommes qui les contraindront à restreindre par la suite leur personnalité créatrice. Les multiples raisons de l'absence de créativité chez les petites filles peuvent être ramenées à une seule : la dépendance à laquelle les fillettes sont contraintes plus que les garçons à l'égard de l'éducation qu'elles subissent, et qui est incompatible avec la créativité car cette dernière suppose au contraire une forte dose de liberté pour se maintenir et être productive.

« La créativité - écrit Torrance - dans sa vraie nature, se caractérise tant par une sensibilité exceptionnelle que par l'indépendance.[9]
Actuellement, dans la culture américaine, mais aussi dans la nôtre, la sensibilité est une qualité exquisement « féminine » et l'indépendance, au contraire, est considérée comme un trait « masculin » ; cette normalisation crée une des « entraves » sociales les plus fortes au développement de la créativité. En fait, un jeune homme créatif paraît trop « sensible » par rapport à ses camarades (et donc efféminé) tandis que les filles ont parfois des intérêts que l'on considère traditionnellement comme « masculins » (la science, la politique, etc.), c'est pour cela que les sujets inhibent le plus souvent leur « processus créatif » pour sauvegarder leur « masculinité » ou leur « féminité ». Cela explique aussi en partie pourquoi les femmes semblent moins créatives que les garçons, la pression des préjugés sociaux s'exerce plus lourdement sur elles. Par exemple, une fille qui s'intéresse à des sujets « scientifiques » ou à des problèmes politiques perd souvent une part de son charme aux yeux de ses camarades masculins et ses amies la trouvent « bizarre ». Par ailleurs, une telle conjonction de sensibilité aiguë et d'indépendance (qui parfois peut atteindre à la rebellion) est une constante chez ces individus non seulement avant mais pendant l'adolescence, et à l'âge adulte. »[10]

Si la sensibilité et l'indépendance sont, comme le soutient Torrance, indispensables à la manifestation et à la réalisation de la créativité, il devient impossible à la plupart des petites filles de la préserver, justement parce que leur élan spontané vers une indépendance équivalente à celle des garçons vient se briser lorsque commence un type d'éducation qui a précisément pour objectif principal la dépendance. A cela s'ajoute une incitation continuelle à détourner leur attention des problèmes politiques, intellectuels, sociaux, artistiques, etc... pour s'occuper de problèmes contingents, mesquins, insignifiants, opération qui restreint automatiquement l'horizon culturel des petites filles. Pour donner libre cours à la créativité, il est nécessaire d'avoir suffisamment accès à notre patrimoine culturel, il faut posséder l'indépendance intellectuelle, la liberté de critiquer, de refuser et de se détacher des valeurs reçues pour en aborder de nouvelles : il faut être fort.

« Les sujets créatifs présentent une autonomie de jugement bien marquée, une tendance à l'anti-conformisme, un sens de l'humour accentué, une grande diversité d'intérêts sur le plan artistique et scientifique, alors qu'ils manquent de motivations « normales » envers le succès scolaire ou professionnel, qui représente justement ce que les autres attendent d'eux. »[11]

La dépendance, au contraire, établit des liens beaucoup plus forts avec les valeurs culturelles du milieu social dans lequel on vit, leur acceptation inconditionnelle, sans démarche critique, le désir de posséder au maximum les qualités reconnues par ce milieu, et de se conformer aux demandes d'autrui. Si l'aptitude aux sciences exactes est le signe de l'intelligence « masculine », ainsi que le révèle M. Fattori, et si elle est considérée comme indésirable chez les filles, ces dernières s'interdiront de semblables intérêts pour se conformer aux qualités qui sont celles de leurs amies du même âge, plus « féminines », afin de ne pas se sentir exclues et refusées par leur groupe. Adler dit : « Il y a un préjugé très fort contre les petites filles. On leur dit souvent que le sexe féminin n'est pas doué pour les mathématiques ».[12] Si la passion de la petite fille pour les sciences exactes n'est pas dévorante, non seulement elle ne tentera pas d'égaler les garçons, mais elle s'alignera docilement au niveau d'incapacité des filles de son âge. Un petit nombre seulement, poussées presque malgré elles par la force de leur intelligence et de leur passion, persévèreront dans leurs intérêts de type « masculin », mais on les regardera toujours avec méfiance et soupçon, et au lieu de les accepter pour leur valeur, il y aura toujours quelqu'un pour les tourner en ridicule au cas où elles n'auraient pas conservé en tout et pour tout leur « féminité ». On ne leur accordera pas le respect qu'on a pour les individus géniaux, on les prendra pour des anormales, des femmes qui « ont un cerveau d'homme » ou alors « qui en ont », et on dira que leur intelligence et leur désir de s'affirmer sont l'expression de leur rivalité avec l'homme ; et si elles ne sont pas belles, on dira aussi qu'elles ont privilégié leur intelligence pour compenser leur difficulté à glaner des succès auprès des hommes. Elles seront celles qui « envient le pénis », les « castratrices », coupables de l'anomalie d'être plus intelligentes que beaucoup d'hommes qui les détesteront et les éviteront parce qu'elles ont commis cette faute de ne pas être des « objets ».

Pour une femme, et encore plus pour une petite fille ou une adolescente, les critiques imbéciles des autres provoquent très facilement des crises graves. Comme l'observe Simone de Beauvoir :

> « Pour la jeune fille, au contraire, il y a un divorce entre sa condition proprement humaine et sa condition féminine. Ce qui rend relativement facile le départ du jeune homme dans l'exis-

tence, c'est que sa vocation d'être humain et de mâle ne se contrarient pas : déjà son enfance annonçait ce sort heureux... On a souvent remarqué qu'à partir de la puberté, la jeune fille dans les domaines intellectuels et artistiques perd du terrain. Il y a beaucoup de raisons. Une des plus fréquentes, c'est que l'adolescente ne rencontre pas autour d'elle les encouragements qu'on accorde à ses frères ; bien au contraire, on veut qu'elle soit *aussi* une *femme* et il lui faut cumuler les charges de son travail professionnel avec celui qu'implique sa féminité... Ce n'est pas en effet en augmentant sa valeur humaine qu'elle gagnera du prix aux yeux des mâles : c'est en se modelant sur leurs rêves... Etre féminine, c'est se montrer impotente, futile, passive, docile. »[13]

Et stupides. Il n'est pas de lieu où les petites filles ne reçoivent à tout moment la confirmation qu'on les préfère idiotes, quitte à leur reprocher ensuite leur bêtise. Même lorsqu'elles manifestent de la curiosité et de l'intelligence, on les décourage continuellement par le désintérêt qu'on montre pour leurs questions, par des réponses évasives, différées, fausses ou approximatives, sinon par l'affirmation explicite que ce ne sont pas là des choses qui devraient les intéresser : « Tu ferais mieux de... » est la réponse classique, et ce que la petite fille aurait de mieux à faire, se trouve toujours être, comme par hasard, quelque chose de moins important que ce qu'elle aurait voulu faire.

« Chère Giovanna », répondait le directeur d'un journal pour enfants, dans le courrier des lecteurs, à une petite fille de neuf ans qui demandait pourquoi les romains avaient utilisé l'arc de voûte dans leur architecture, et non les grecs, « Tu as posé une question très intelligente pour une petite fille », exprimant ainsi l'opinion, largement répandue, que les petites filles, étant généralement idiotes, ne posent pas de question intelligente ; et il poursuivait en donnant une réponse décevante à une question parfaitement justifiée.

Chez quelqu'un qui a été programmé pour être dominé, l'intelligence est une qualité si gênante qu'on fait tout ce qu'il est possible de faire pour la décourager dès qu'elle se manifeste, afin de ne lui donner aucun moyen de devenir consciente. On exalte au contraire la supériorité de l'intuition féminine, car cela arrange celui qui domine de voir ses propres désirs compris avant même qu'ils ne soient formulés, et satisfaits par une personne conditionnée à considérer les besoins des autres comme passant avant les siens propres, et souvent même allant à l'encontre des siens.

L'intuition féminine si exaltée, est universellement considérée comme une émanation « naturelle » chez un être biologiquement destiné à la maternité et à l'éducation des enfants, et donc doté « naturellement » des pouvoirs divinatoires qui lui permettent d'agir au mieux envers eux. Cette intuition est également le produit du conditionnement à la soumission, et de la nécessité qui en découle, de constamment tenir compte des idées, des humeurs, des réactions et des désirs de ceux qui dominent. Allport dit :

> « Leur rôle (des femmes) exige que, dès le plus jeune âge, elles apprennent à être sensibles aux besoins et aux comportements des autres... Dans une société où existent encore deux poids et deux mesures en matière de morale, il est sage pour une femme de tenir compte du caractère de ses amis et d'être circonspecte à leur égard. » [14]

C'est justement cette circonspection forcée, cette nécessité permanente de prendre en considération ce que pensent et attendent les autres, ce qu'il convient de faire ou de différer, le moment opportun pour demander avec quelque chance de succès, d'interpréter la signification des mimiques, des gestes et l'expression des autres, qui détermineront sa propre contenance. C'est cette circonspection qui est à l'origine de l'intuition féminine où vient s'abîmer tant d'énergie qui pourrait être employée autrement. L'intuition est une qualité défensive typique chez les opprimés, la preuve en est qu'elle se développe aussi chez des hommes qui sont dans des situations difficiles dans lesquelles il est essentiel de prévoir la réaction ou l'humeur d'autrui, comme cela arrive par exemple en prison.

Il est vrai que les femmes sont, de par leur condition, obligées à développer leur intuition, et comme cette qualité s'est affirmée, elles choisissent de se diriger vers le type de profession qui requiert l'intuition et ce processus suit simplement la loi de l'autonomie fonctionnelle, selon la définition d'Allport.

*La discrimination continue :
un regard sur l'école primaire et secondaire.*

En ce qui concerne les petites filles, les institutrices du primaire confirment les observations faites par les maîtresses d'école maternelle. Les petites filles sont appliquées jusqu'à l'obsession. Leurs cahiers reflètent l'ordre, il n'y a pas une tache, pas une trace de doigt, pas un gribouillage, les lettres formant les mots sont droites, sans hésitation, excessivement lisibles, et si peu appuyées qu'elles témoignent de l'absence de force qui caractérise les petites filles. Leurs rédactions sont parfaitement composées, juste assez longues pour ne pas décevoir la maîtresse, leur contenu est tout ce qu'on peut imaginer de plus conformiste. Les concepts de beau, de bon, de mauvais y abondent : s'il faut prendre position, elles sont toujours du côté des bons et témoignent du mépris envers les mauvais, la banalité ressort à chaque ligne, l'hommage à l'autorité est sans cesse mis en avant, tout baigne dans un romantisme mièvre, rempli de descriptions édulcorées, englué dans le sentimentalisme, les paysages et les situations improbables.

Dans les rédactions des petites filles, le souci inquiet de vouloir paraître parfaites, d'épater la maîtresse et leurs camarades par les bons sentiments qu'elles affichent sur un ton qui n'a rien de spontané, est aussi manifeste que dans leur comportement. Les cahiers des garçons offrent un tout autre spectacle : sales, froissés, abîmés, témoins visibles de gestes quotidiens où cartable, cahiers et accessoires sont jetés en vrac et en portent la marque. Dans la manière dont les garçons tiennent leurs cahiers, le désordre semble la règle : les ratures, les taches, les erreurs, les empreintes de doigts, les superpositions de mots, les mots tronqués, les lettres de travers, la ponctuation inexistante ou fantaisiste, les points sur les « i » qui « restent dans la plume », le manque absolu d'organisation dans la mise en page, l'absence des principes esthétiques les plus rudimentaires, sont des caractéristiques presque constantes. Mais ces cahiers usés et saccagés comme ils le sont aussi par la participation directe et intense du petit garçon à la vie extra-scolaire (puisqu'il *a*, lui, une vie extra-scolaire) sont pleins de vitalité, d'invention, d'imagination, même chaotiques et désordonnées. Leurs rédactions sont toujours trop courtes par rapport à ce que leur demande la maîtresse, les idées sont hâtivement exprimées, sans concession au beau style ni souvent même à la grammaire et à l'orthographe, les jugements sont péremptoires, souvent aussi contradictoires, les descriptions poétiques sont rares, et s'il s'en trouve, on sent que le premier à ne pas s'y laisser prendre, c'est bien lui, l'auteur, qui au fond s'en moque. Si les filles produisent des dessins mesurés, gracieux, les garçons y opposent des créations plus grossières, passionnées, dépourvues de mesure et de grâce : la couleur obéit à l'impulsion, sans beaucoup de réflexion, par aplats qui sortent des contours : des champs et des prés rouges et des soleils verts, des maisons bancales, des personnages disproportionnés, et le dessin qui déborde de la page envahit la dictée ou les devoirs sans la moindre préoccupation esthétique. Cahiers aventureux, turbulents, aussi libres que leur propriétaire.

Les petites filles sont apparemment victorieuses dans les premières années du primaire. Il n'y a pas de maîtresse qui ne résiste à l'attrait d'un petit cahier ordonné qui répond à sa conception personnelle, « féminine », de l'ordre. Les cahiers des fillettes suscitent les louanges, ils semblent être les produits raffinés d'une exquise sensibilité, alors qu'ils ne sont que le fruit d'une créativité éteinte pour toujours qui a laissé la place à un conformisme mélancolique. Les petites filles sont toujours attentives, elles ne perdent pas un mot de ce que dit la maîtresse, elles n'oublient ni leur plume ni leur cahier à la maison, elles ont toujours une feuille ou une gomme à prêter, et le font de façon à attirer le plus possible l'attention des autres ; elles comprennent tout, se souviennent de tout, elles sont assises, immobiles et sages à leur pupitre, les genoux serrés, les pieds joints, elles sont agacées par le bruit que font les garçons, prêtes à les faire taire sur un ton plaintif s'ils les empêchent de saisir les paroles de la maîtresse. La tension les dévore, le besoin d'être approuvée les déchire, ce qui passe pour un calme naturel des petits corps tranquilles est en fait une auto-discipline féroce et une attention crispée, tendue pour saisir ce qu'on attend d'elles avant même que ce soit exprimé. Il n'existe pas entre les petites filles cette solidarité qui existe au contraire dans le groupe des garçons : elles sont portées à la médisance, aux cancans, elles s'épient sans cesse et rapportent à la maîtresse. Ce sont là les comportements caractéristiques des opprimés.

La division entre les sexes, déjà si lourdement instaurée à l'école maternelle, continue à l'école primaire et le résultat est évident : petits garçons et petites filles sont complètement étrangers les uns aux autres, souvent ennemis. Il n'y a cependant pas de batailles entre les garçons et les filles malgré les violences qui peuvent être faites : les injustices, réelles ou supposées, sont rapportées à la maîtresse, qui souvent ne les juge pas pour leur contenu, mais selon la manière dont on les lui rapporte. Pour elle, il est normal que les garçons persécutent et agressent les petites filles, elle ne met en cause que leurs méthodes trop agressives, les invite à être « plus gentils », mais invite également les petites filles à être « moins ennuyeuses ». Soutenir qu'il vaudrait mieux que les petits garçons et les petites filles soient franchement séparés à partir de l'école primaire, revient à souligner leur incapacité à vivre ensemble, car ils ont été éduqués de façon si opposée qu'il leur est bien difficile de trouver un terrain commun. La solution n'est pas de les séparer parce qu'ils sont différents et peuvent se faire du tort réciproquement, la solution, c'est d'abolir cette différence en les élevant comme des individus et non comme appartenant à l'un ou l'autre sexe.

Les petites filles « aiment davantage la maîtresse », ou du moins le lui disent, elles cherchent à le lui montrer, elles veulent l'embrasser, elles lui apportent des fleurs ou un petit cadeau, elles lui font un dessin, elles sont prêtes à lui rendre n'importe quel service avec un plaisir et un orgueil démesurés, qui transparaissent sur leurs petits visages soucieux de plaire : elles abandonnent leur travail à n'importe quel moment pour courir ramasser le stylo de la maîtresse, pour mettre au panier le papier du sucre quand elle prend son café de dix heures, pour ouvrir la porte au visiteur occasionnel qui s'en va, ou pour se lever et saluer la moindre personne qui entre. Leur plus grande ambition semble être de se mettre au service de quiconque représente l'autorité, elles sont déjà prêtes à la prostitution du sourire forcé pour susciter le même sourire chez l'autre, elles sourient toujours et rient peu (alors que c'est le contraire chez les garçons), elles sont serviles et manquent de fierté.

Comme à l'école maternelle, si la maîtresse demande qu'on remette de l'ordre par exemple, ce seront toujours les petites filles qui se précipiteront. Les garçons continueront leur tactique consistant à faire les choses mal, à contre-cœur, et ainsi la maîtresse leur en demandera de moins en moins. Les petites filles montreront une efficacité parfaite, pas une maîtresse ne pourra s'empêcher de leur faire des compliments : ce sont justement ces louanges qui affaibliront plus encore la conscience qu'elles ont de leur valeur en tant qu'individu, pour mettre l'accent, comme toujours, sur leur fonction de personnes dont le devoir principal est de se rendre utiles aux autres.

On pourrait espérer que les garçons soient humiliés de cette confrontation quotidienne au courage, au zèle et à l'efficacité des petites filles, mais il est rare que cela se produise, car ils ont une manière de se rassurer à tout moment de mille manières sur leur valeur en tant qu'hommes. En outre, la plupart des maîtresses, si elles admettent que les petites filles sont « plus faciles, plus silencieuses, plus dociles », finissent par admettre que « les garçons donnent plus de satisfactions » et expliquent cette contradiction apparente par le potentiel créatif différent qui les distingue des filles. Ces dernières ont tendance à reproduire servilement ce qui leur est proposé, les garçons au contraire tendent à introduire des variations, à proposer des solutions, à discuter, à inventer, et tout cela est considéré comme plus dynamique.

Avec l'avènement de l'école obligatoire, le fait que les petites filles qui, en nombre plus important que les garçons, s'arrêtaient d'étudier après les classes primaires pour s'occuper de la maison ou pour aller travailler, n'a pas disparu, il s'est simplement déplacé dans le temps. Maintenant encore, les filles qui arrêtent leurs études à la fin de la quatrième année du secondaire sont bien plus nombreuses que les garçons.

Si dans une famille il n'y a que des filles, il est facile de permettre à toutes de poursuivre leurs études ; s'il y a des garçons et des filles, à moins qu'il ne s'agisse d'une famille particulièrement aisée, on choisit de faire continuer leurs études aux garçons, au détriment des filles. On peut également choisir pour ces dernières une école de niveau inférieur à celle des garçons.

La discrimination entre garçons et filles à l'intérieur de l'école se poursuit aussi dans le secondaire. En plus des mécanismes psychologiques des enseignants du secondaire (en grosse majorité des femmes)[15] qui, comme ceux de l'école maternelle et primaire, continuent à exiger des élèves qu'ils se conforment aux valeurs admises, la discrimination est codifiée par le même règlement scolaire. Par exemple, on impose toujours aux filles la blouse noire humiliante, alors que les garçons s'habillent comme ça leur chante. Tilde Giani Gallino[16], professeur de latin, rapporte les arguments qui ont fait l'unanimité des enseignants de son établissement, contre l'abandon de la blouse pour les filles comme pour les garçons qui eux ne la portent plus dès la fin de l'école primaire. Ce sont des raisons moralistes, répressives, mises en avant par ceux qui ne parviennent pas à voir les filles comme des individus, mais seulement comme des objets sexuels susceptibles d'éveiller le désir des garçons.

Les cours de gymnastique sont donnés séparément aux deux sexes, afin de sélectionner les exercices physiques en fonction de leur « nature » spécifique, c'est-à-dire en fonction de la force pour les garçons et de la grâce pour les filles, mais aussi parce que l'on craint la promiscuité entre eux au moment où il est nécessaire d'être légèrement vêtu pour les cours.

Mais le triomphe de la discrimination a lieu pendant les cours de travaux pratiques : une discipline introduite avec la mise en place de l'enseignement secondaire obligatoire. Les travaux pratiques sont nettement divisés en travaux masculins et féminins. Les cours sont faits par un professeur homme pour les garçons, et femme pour les filles. Dans le cas de classes mixtes, les élèves sont séparés au moment des cours.

Les programmes ministériels sont tout à fait clairs en ce qui concerne le contenu de cette discipline : [17]

« Sans établir de limitations rigides, seront particulièrement adaptés aux garçons, non seulement du fait de leur *nature,* mais aussi parce que cela répond à leurs *intérêts,* les travaux qui comportent des processus de transformation de matières premières d'usage courant (ex : bois, métaux, matières plastiques, etc...) en objets finis et en réalisations d'installations sommaires au moyen d'éléments appropriés mis à leur disposition ; aux filles conviendront davantage les travaux concernant l'ameublement, le jardinage, l'horticulture, la floriculture. »

A la différence des autres disciplines, le choix du

contenu du programme est laissé à l'initiative des enseignants. Les professeurs femmes qui viennent en majorité des collèges techniques féminins, sont pratiquement des expertes en économie domestique. Pour elles, la préparation qu'elles ont eue est la seule ; ces écoles anachroniques dont elles sortent les conditionnent a priori dans le choix d'activités à proposer aux élèves. Les professeurs hommes de « travaux pratiques » sont d'origines plus hétérogènes, ils sont souvent architectes, ingénieurs, experts en travaux publics, en agronomie, en industrie, etc. Le rapport entre la préparation particulière des professeurs et les orientations des programmes ministériels donne ses fruits : il résulte de ces heures de cours, du côté des petites filles des travaux à l'aiguille et au crochet, des broderies, de la couture, du tissage et pas grand chose d'autre. De plus, les ouvrages faits à la main sont ce qu'il y a de plus inutilisable et de plus frustrant. Pour les garçons, les travaux de découpage, de menuiserie, les petites installations électriques. Temps perdu pour les deux sexes, c'est d'accord : mais le fait est que que les petites filles regardent avec envie les cours de « travaux pratiques » des garçons, car elles sentent bien qu'on les juge incapables même de ces modestes réalisations, et qu'on les réduit aux mortifiants ouvrages au crochet, les garçons de leur côté regardent avec mépris les travaux des petites filles. Comme toujours, les deux sexes se trouvent en position antagoniste, on décide a priori de ce qui est adapté à l'un et à l'autre, en les empêchant de choisir librement les activités qui leur conviennent le mieux.

Conscients de la totale inutilité de pareilles activités,

pendant les heures de «travaux pratiques», dans une école secondaire à vocation particulière, on avait cherché des activités plus stimulantes et, tandis qu'on avait équipé pour les garçons un laboratoire attrayant, pour les filles encore petites, on avait pensé à installer un coin de la salle avec un berceau, une petite baignoire, une table à langer pour qu'elles s'exercent à la puériculture. Un professeur fit remarquer qu'une telle discrimination dans les activités des élèves, fondée sur le sexe, était tout à fait préjudiciable et que le choix entre toutes les activités possibles devait être laissé aux enfants. Le proviseur et le corps enseignant, après avoir calmement réfléchi au problème, et après avoir admis qu'il était juste de s'en préoccuper, conclurent qu'on devait cependant faire comprendre aux petites filles qu'il faudrait qu'elles évitent «pour leur bien» de se mettre dans des situations embarrassantes et ridicules, et donc leur conseiller gentiment de suivre les cours de puériculture et non les autres. Il n'était pas nécessaire d'expliquer quoi que ce soit aux garçons, car on était convaincu a priori qu'aucun d'entre eux n'aurait manifesté le moindre intérêt pour la toilette et les bouillies des nouveaux-nés. Cette suggestion paternaliste et bienveillante, constituait un de ces arguments qui porte, puisqu'il laissait entendre que la petite fille qui n'aurait pas fait ce choix, mais un autre de type «masculin» aurait manifesté une tendance anormale par rapport au modèle admis. Quelle petite fille aurait le courage, à un âge où l'on cherche péniblement sa propre identité en se conformant souvent et au prix de grands efforts aux stéréotypes féminins, de faire un choix aussi

« déviant » et anticonformiste ? Une aspiration, si authentique soit-elle, peut être étouffée par une pression de ce genre.

Un professeur de « travaux pratiques » dans une école spécialisée où la séparation des cours avait été évitée, et où garçons et filles disposant d'un seul laboratoire, pouvaient choisir n'importe quelle activité et étaient même poussés à le faire, rapporta que lorsqu'il avait proposé une série d'exercices avec un fer à souder, sur 54 élèves qui avaient participé au nouveau travail, il y avait bien 36 filles. Il dût reconnaître que non seulement elles étaient plus enthousiastes que les garçons, mais aussi plus habiles. Le même professeur admettait pourtant que, lorsque les jeunes avaient projeté de construire un grand voilier, ce qui supposait de tailler du bois et de confectionner des voiles, il avait lui-même suggéré aux élèves de diviser les tâches selon les différentes compétences, confiant aux petites filles la responsabilité de coudre les voiles. Les petites filles, de leur côté, avaient recours aux garçons pour faire changer les lames usées de la scie à découper, chose qui lui avait semblé tout à fait naturelle et l'avait dispensé de comprendre qu'il aurait mieux valu, une bonne fois pour toutes, apprendre aux petites filles comment on change une lame, et aux garçons comment on manœuvre une machine à coudre.

Au cours des derniers stages de formation pédagogique, j'ai pu avoir un échantillon des opinions des professeurs de « travaux pratiques » femmes sur la discrimination découlant de la séparation entre garçons et filles, et sur les activités diverses qui se sont déroulées

durant ces heures de cours. Le problème avait été sou-
levé par une des enseignantes qui participait au stage,
contre l'avis exprimé par un des professeurs, une jeune
femme qui donnait des cours d'enseignement ménager
soutenait que cette division était nécessaire parce
qu'hommes et femmes sont différents et ont des intérêts
différents « par nature ». Son opinion trouva une
approbation unanime dans le groupe des enseignantes : toutes des femmes de vingt-cinq à cinquante
ans, qui affirmaient que la « grâce féminine » devait
être sauvegardée, qu'il était du devoir des enseignantes
de veiller à ce que le comportement des petites filles
soit conforme à ces principes, que cette attention scrupuleuse devait faire en sorte que les petites filles « ne se
sentent pas mal dans leur peau et ensuite dans la vie »,
et que tout cela était « pour leur bien ».

La question de principe : est-il juste de discriminer
les activités des jeunes en fonction de leur sexe ? fut écar-
tée avec cette observation : « les programmes ministériels le prévoient aussi », comme si ces derniers repré-
sentaient l'essence de la vérité et de la justice, et ne pouvaient être soumis à la critique pour être révisés. On se
rendit compte que les femmes étaient incapables de
voir dans le fait en question un acte discriminatoire et
donc injuste, qui contribuait à déformer la conscience
des jeunes ; et, comme dans tant d'autres cas analogues,
elles défendirent des positions conservatrices au détriment de leur propre sexe.

Aujourd'hui, dans les écoles maternelles d'Etat, les horaires sont de quatre heures et demie environ ; dans le cas où on prévoit une cantine, les heures en surplus sont assurées par d'autres enseignantes. La nouvelle loi prévoit au contraire un horaire continu, s'étalant sur six ou sept heures au moins, et assuré par la même enseignante.

IRENAUS EIBL-EIBESFELDT, *Haie - Angriff, op. cit.*
Dans « Vita dell'infanzia », n. 7, avril 1972.

B. LINNER, *What does equality between the sexes imply ?*, essai présenté lors du congrès annuel de « L'american Orthopychiatric Association », Washington D.C. 1971, rapporté par TILDE GIANI GALLINO, *Scuola e emancipazione feminile,* dans « Scuola e città », n. 5, mai 1972.

MARGARET MEAD, *Mœurs et sexualité en Océanie, op. cit.*

GRAZIA HONEGGER FRESCO, *I bisogni della prima età nelle case dei bambini,* dans « la via feminile », n. 1, décembre 1968.

ouvrage déjà cité n. 7 de « Vita dell'infanzia », avril 1972.

ODETTE BRUNET et IRÈNE LÉZINE, *Le développement psychologique de la première enfance, op. cit.*

PAUL E. TORRANCE, *Guiding creative talent,* Prentice-Hall Inc., Englewood Cliffs 1962, cité par MARTA FATTORI, *Creatività e educazione,* Laterza, Bari, 1968.

MARTA FATTORI, *op. cit.,* p. 40.

Ibid., p. 39.

ALFRED ADLER, *L'enfant difficile,* Paris, petite bibliothèque Payot, vol. n.15.

SIMONE DE BEAUVOIR, *Le deuxième sexe,* cit., vol. II.

GORDON W. ALLPORT, *Structure et développement de la personnalité,* cit.

Pour une analyse des opinions des enseignantes du primaire voir MARIO BARBAGLI et MARCELLO DEI, *Le vestali della classe media,* Bologna, Il Mulino, 1969.

TILDE GIANI GALLINO, *Scuola e emancipazione femminile,* cit.

Ministère de l'Éducation Nationale, *Orari e programmi d'insegnamento per la scuola media statale,* Institut Polygraphique d'Etat, Roma, 1963.

TABLE DES MATIERES

Elena Gianini Belotti est née à Rome où elle réside encore actuellement. Depuis 1960, c'est-à-dire depuis sa création, elle dirige le « Centro Nascita Montessori » de Rome, unique en son genre en Italie, où se fait la préparation pratique et psychologique des femmes enceintes : préparation au devoir de mères respectueuses de l'individualité de l'enfant. Depuis plusieurs années, elle donne un enseignement aux élèves de la même « Sculoa Assistenzi Infanzia Montessori », qui s'est transformée en Institut professionnel d'Etat en 1960. Elle est collaboratrice de différentes revues spécialisées.

éditions

des femmes

Déjà parus

O maman, baise-moi encore fiction	*Igrecque*
Une femme roman	*Sibilla Aleramo*
L'âge de femme essai	*Juliet Mitchell*
L'alternative essai	*Collectif*
Etre exploitées essai	*Collectif*
Hosto-Blues roman	*Victoria Thérame*
Rose Saignée fiction	*Xavière Gauthier*

A paraître

Dans le mitan du lit roman	*Evelyne et Claude Gutman*
Rétable, la rêverie fiction	Chantal Chawaf
Des Chinoises essai	*Julia Kristéva*
Psychanalyse et féminisme essai	*Juliet Mitchell*
Les Lais poésie	*Marie de France*

**2 rue de la Roquette
75011 Paris**

achevé d'imprimer
par l'imprimerie Projet
96 Bd de Ménilmontant, 75020 Paris
pour le compte des
Éditions des Femmes
2 rue de la Roquette, 75011 Paris
I.S.B.N. 27210 - 0008 - X
Dépôt légal 3e trimestre 1974